Essa coisa chamada sexo

Como estimular o amor, a intimidade e a sensualidade em sua vida

Dados Internacionais de Catalogação na Publicação (CIP)
(Câmara Brasileira do Livro, SP, Brasil)

Oshlack, Ian
Essa coisa chamada sexo : como estimular o amor, a
intimidade e a sensualidade em sua vida / Ian Oshlack ;
[tradução Carmen Fischer] . — São Paulo : Ágora, 1999.

Título original : This thing called sex.
ISBN 85-7183-701-5

1. Amor 2. Educação sexual 3. Intimidade (Psicologia) 4. Sexo I. Título. II. Título: Como estimular o amor,
a intimidade e a sensualidade em sua vida.

99-2053   CDD-613.96

Índice para catálogo sistemático:

1. Sexo : Instruções   613.96

Essa coisa chamada sexo

Como estimular o amor, a intimidade e a sensualidade em sua vida

Ian Oshlack

ÁGORA

Do original em língua inglesa
THIS THING CALLED SEX
*How to put more love, intimacy
and sensuality into your life*
Copyright © 1996 by Ian Oshlack, publicado por acordo
com HarperCollins Publishers, Australia.

Tradução:
Carmen Fischer

Ilustrações:
Robert Langley

Finalização da capa:
Neide Siqueira

Editoração Eletrônica:
Acqua Estúdio Gráfico

Proibida a reprodução total ou parcial
deste livro, por qualquer meio e sistema,
sem o prévio consentimento da Editora.

EDITORA AFILIADA

Todos os direitos reservados pela
Editora Ágora Ltda.
Rua Itapicuru, 613 – cj. 82
05006-000 – São Paulo, SP
Telefone: (011) 3871-4569
http://www.editoraagora.com.br
e-mail: editora@editoraagora.com.br

Para Babbsy.
Meu amor, minha luz, minha inspiração.

Sumário

Namaste 11

Como usar este livro 13

Fazer sexo é seguro? 15

Muito mais do que uma penetração 17

Essa coisa chamada sexo 19

Quanto mais você muda, melhor você se sente 22

O sopro de vida 26

Superando o sentimento de culpa 29

Amar a si mesmo 33

Julgando um livro por sua capa 39

A beleza está nos olhos... 42

Rejeitando a rejeição 47

Dando prazer ao próprio corpo 51

O que o amor tem a ver com isso? 55

Um beijo é sempre um beijo 57

Abraçar e ser abraçado 60

Criando um espaço sagrado 62

Para estimular a intimidade 64

Você é bom(boa) de cama? 69

O mito das preliminares 72

A percepção sutil da intimidade 75

Explorando 80

A importância da pele 83

A mágica da massagem 87

Tomar banho juntos 97

Acendendo o fogo 101

A alquimia da honestidade 103

O que está passando pela sua cabeça? 109

A ilusão da fantasia 113

Exercícios para atingir o êxtase 116

Dando prazer a si mesmo por meio da meditação 118

A linguagem do amor 121

O doce odor da sensualidade 124

Culinária erótica 127

Tornando-se a dança 131

A essência da poesia 134

Eu te amo 137

Para superar a dor de cabeça 140

Sob pressão 143

Apagar as luzes 147

O movimento da energia 150

Ejaculação... 155

Orgasmo: surfando a onda 158

A relação sexual... e além... 161

... E mais além 165

Fazer do sexo uma brincadeira divertida 167

Leituras afins 170

Música: o alimento do amor 172

O quê... não tem índice? 175

Tudo o que você sempre quis saber sobre o autor... 176

Para continuar pesquisando 178

NAMASTE

Na tradição hinduísta, *namaste* é o ato de juntar as palmas das mãos, levá-las até o rosto e curvar-se diante de outra pessoa. Significa "Eu me dou a você em sincera gratidão". *Namaste* é algo que você oferece à pessoa que ama, antes de fazer amor.

Seguindo a tradição do *namaste*, agradeço às seguintes pessoas, sem a ajuda das quais este livro jamais teria chegado a existir.

Gostaria de agradecer às pessoas que, de uma maneira ou de outra, foram catalisadoras em meu processo de crescimento

espiritual: Stuart Wilde, Alan Lowen, Penny Cooke, David Ward, Janne Martinengo, Smito, Nityama e Stephan Kahlert.

Sou grato também a:

Brenda Sutherland, que deu o pontapé inicial no livro quando ele ainda estava, na melhor das hipóteses, em forma embrionária, e que colocou seu selo de aprovação no manuscrito final. Ann Holland, que leu-o e releu-o várias vezes. E a quem nunca vou deixar de ser agradecido por seu amor e por seu apoio.

Amalia Camateros, Cathy Hereen, Sandhi Spiers, Cynthia Connop, "Incrível" Phil Lukies, Robert Rice, Georgie Wain, Azurra e Yashu, que me deram estímulo, força e assistência constantes, e que fortaleceram minha confiança para prosseguir.

Robert Langley, por colocar-se acima e além do que se considera dever ao produzir as ilustrações.

E, finalmente, para Osho. Onde quer que esteja.

COMO USAR ESTE LIVRO

O objetivo deste livro é dar-lhe a oportunidade de criar e manter o clima erótico, que faz com que o sexo seja uma experiência altamente prazerosa.

Ao mesmo tempo, ele pretende desmistificar a sexualidade, permitindo com isso que você a veja de uma nova perspectiva. Mesmo que seja difícil interromper sua leitura, na verdade o livro é mais para ser praticado do que lido.

A sós ou a dois.

Se você estiver compartilhando a leitura com uma outra pessoa, é melhor alternar, cada um lendo um capítulo para o outro. Enquanto um lê, o outro ouve deitado, confortavelmente, com os olhos fechados.

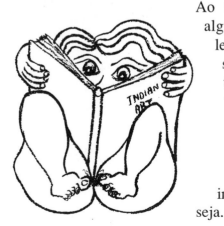

Ao tentar colocar em prática algum exercício deste livro, lembre-se sempre de que você só tem de ir até onde se sentir à vontade. Para isso, é de vital importância que o casal comunique um ao outro quais as áreas mais sensíveis e que lhe proporcionam mais excitação, carinho, inspiração ou o que quer que seja.

Quanto mais riscos você assumir e quanto mais limites ultrapassar, maiores serão os benefícios obtidos.
E, acima de tudo, divirta-se.
É para isso que o sexo existe.

"PARA QUE SERVE UM LIVRO,

SEM FIGURAS OU DIÁLOGOS?,

PERGUNTA-SE ALICE."

LEWIS CARROLL

FAZER SEXO É SEGURO?

Como este livro considera o sexo mais do que penetração, muito do que ele contém é, por si só, seguro. O risco inerente a qualquer tipo de intimidade com outra pessoa corresponde diretamente ao envolvimento que se tem com ela; uma transa casual é diferente de um relacionamento duradouro.

Se você e seu parceiro estão juntos há pouco tempo e querem transar com penetração, é aconselhável o uso da camisinha. Apesar de o contato genital oral não envolver riscos muito sérios, é prudente abster-se dele até que a relação tenha tido a oportunidade de evoluir e/ou até que ambos tenham feito um exame de sangue.

Fazer um teste de HIV, nas circunstâncias atuais, é uma exigência bastante razoável de ambas as partes. Lembre-se de que, para ter absoluta certeza, é preciso repetir o teste de-

"SE VOCÊ QUER FAZER SEXO,
A CONFIANÇA QUE VOCÊ TEM NO OUTRO
TEM DE VIR DO FUNDO DO CORAÇÃO."
                                    D. H. LAWRENCE

15

pois de três meses e, ao mesmo tempo, ter confiança um no outro.

Se sua relação amorosa é um compromisso de longa data, a necessidade de proteger-se (além da contracepção) não é realmente necessária. Deixe que seu bom senso prevaleça ao seguir as orientações deste livro. Você vai ver que quando a questão é sexo, você não tem nada a temer a não ser o próprio medo.

Muito mais do que uma penetração

Essa coisa chamada sexo não tem a intenção de ser uma dissertação a favor ou contra o celibato.
Ou a penetração.
Ou as posições eróticas.
Ou o desempenho.
Simplificando, este livro é sobre intimidade.
E sensualidade.
E toques.
E cuidados.
E carinhos.
E beijos.
E carícias.
E chamegos.
E abraços.
E afagos.
E apertos.
E chupadas.
E enroscos.
E colos.
E sensações.
E orgasmo.
Sim, e orgasmo.
Intensíssimo.
Profundíssimo.

Espiritualíssimo.
Seja você homem ou mulher.
É também um livro sobre mudanças, sobre conhecer os próprios limites e viver com eles.
É um livro sobre honestidade.
E confiança.
E riscos.
É para ajudá-la a explorar seus potenciais sexuais, que você não conhece, para intensificar o aspecto lúdico do amor e para encontrar o amor em termos muito mais profundos.

"Hoje há muito mais ênfase no sexo do que na beleza do ato sexual."

Henry Miller

Mas, por mais que este livro considere os aspectos sensuais e íntimos da sexualidade, ele não tem como objetivo desestimular a penetração.

Pelo contrário, você vai descobrir que se e quando a penetração ocorre, ela torna-se o clímax de uma grande e maravilhosa aventura.

Uma aventura na qual o ato de fazer amor dura horas, em vez de minutos.

Curta a cavalgada.

Essa coisa chamada sexo

É a mais mal-interpretada das fraquezas humanas.
Ela é, portanto, não é.
Mas o que é, realmente, essa coisa?
Esse extraordinário e estranhíssimo ritual.
Essa coisa chamada sexo.
Essa excitação sexual.
Essa atitude sexual.
Esse enigma conhecido como sexualidade.
Qual o principal motivador, o mecanismo que libera o fluxo da paixão?
O espírito do desejo?
A torrente das emoções?
A essência do sexo?
Será que existe mesmo um mecanismo liberador?
Será que é por medo, culpa e vergonha que estamos sempre ocultando o que sentimos realmente?
Mesmo em nossa civilização considerada avançada, as atitudes perpetradas pela religião, pela comunidade e pela família criaram uma socieda-

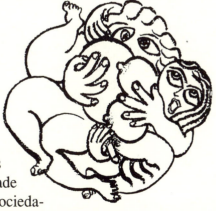

de na qual o sexo e a sexualidade continuam sendo reprimidos. São temas sussurrados ou cochichados, com risadinhas e tons embaraçosos.

"VERGONHA É O SENTIMENTO QUE O
HOMEM TEM QUANDO ADMITE SER O HOMEM
QUE A MULHER QUE O AMA IMAGINA SER."
CARL SANDBURG

Em conseqüência dessa repressão, o sexo transformou-se em tema de discussão, de análise, de dissecação e de exploração. Mas, mesmo assim, não há praticamente nenhuma discussão sobre o tema que seja aberta e racional. E palavras como intimidade e sensualidade não são jamais mencionadas.
Portanto, por que motivo o sexo é um tema atraente?
Por quê? Porque é o fruto proibido. É o que todos nós queremos e desejamos, mas temos medo de agarrar.
Para muitos de nós, o sexo pode ser o fio invisível que separa o prazer da dor.
O sexo pode tornar fracos os fortes e fortes os fracos.
O sexo é uma força que, à sua própria maneira sutil, faz o planeta girar.
O sexo, acima de tudo, pode trazer à tona a mais extraordinária das emoções. Ele sacia a maior das fomes e reanima o espírito das pessoas mais deprimidas.
O sexo é a força que abastece a criatividade. Ele prende nossos sentidos e dá intensidade à nossa existência. Se o sexo não existisse, jamais conseguiríamos voar. Com ele, podemos alcançar as estrelas.

"A REDUÇÃO DO UNIVERSO
A UM ÚNICO SER."
VICTOR HUGO

Portanto, essa é uma jornada para o interior de sua sexualidade.

Sua consciência.

Sua inocência.

Uma jornada que vai animá-lo com seu potencial e inspirá-lo com sua sabedoria.

É uma viagem de exploração que vai levá-lo a emoções múltiplas, a níveis criativos e espirituais, que o sexo tem a capacidade de oferecer. Nessa descoberta da verdadeira natureza e dimensão do sexo, você compreenderá que, ao chegar ao fim, estará apenas começando.

Quanto mais você muda, melhor você se sente

Muitas e muitas vezes tem sido repetido que a mudança, na realidade, é inevitável. Para a maioria de nós, isso é verdade.

E a sexualidade é um dos meios mais significativos de realizarmos mudanças, pois à medida que crescemos, aprendemos.

À medida que amadurecemos, conhecemos, exploramos, vivenciamos.

Essa é a verdadeira natureza da mudança.

Mas quando se trata de mudança em qualquer área de nossas vidas, tendemos a relutar ou resistir a ela.

Porque a mudança, normalmente, altera a percepção da própria sexualidade, bem como da interação com o parceiro.

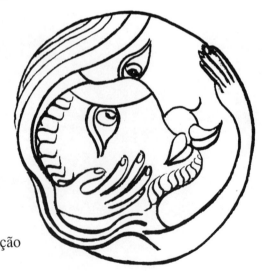

"Quanto mais as coisas mudam,
mais elas permanecem as mesmas."

Alphonse Karr

Para obtermos o máximo de uma relação, temos de estar preparados para superar o medo da mudança, permitindo assim que ela ocorra. É por permitirmos que a mudança ocorra que acabamos melhorando a qualidade de nossas vidas e a qualidade de nossos relacionamentos sexuais.

Muitas pessoas fogem da mudança, especialmente quando há sexo envolvido. Preferimos assumir uma atitude de busca de prazeres provisórios, que não nos traga nenhum problema.

A alternativa é algum tipo de comprometimento.

Em outras palavras, você pode seguir os preceitos deste livro, assim como realizar os exercícios especiais. Fazendo isso, você verá que eles funcionam como forma de abrir novos horizontes ou de criar experiências prazerosas de curta duração. Quando acabam, pouca coisa mudou.

Ou você pode tomar as revelações deste livro como um projeto de mudança.

Isso não significa alterar sua personalidade, mas, sim, mudar suas percepções:

De como você reage e responde a si mesmo e à pessoa amada.

De como você age.

De como você toca.

De como você sente.

Reflita sobre como é sua vida no momento atual. Você está vivendo um estado de plenitude? Está experimentando a felicidade e o êxtase? Existe honestidade nos seus relacionamentos? Quando você faz amor, entrega-se à paixão?

Se a resposta a alguma dessas perguntas ou outras similares com respeito a seu estado de ser atual for "não", então, provavelmente, você está precisando de uma mudança de energia.

Essa mudança não tem de ser dramática, mas tem de ser total.

E é essa totalidade a idéia central deste livro.

Um conceito de mudança.

Porque a mudança *é* inevitável. Especialmente se você quer encontrar a verdadeira alegria que a intimidade traz. Mas, para encontrar a relação de intimidade, você tem, antes, de encontrar a si mesmo.

É isso o que a mudança exige.

Se você prefere permanecer como é — e isso é o que está emperrando a sua vida —, será muito mais difícil experimentar a verdadeira intimidade. Pois é da intimidade que vem o êxtase. E o êxtase é o resultado último da mudança.

Coisas extraordinárias acontecem quando você muda.

Coisas extraordinárias acontecem com você e com as pessoas à sua volta.

Você sente.

Elas sentem.

Sua paixão.

Sua energia.

Seu amor.

Sua mudança.

Do passado para o presente.

Do presente para o presente.

E do presente surge algo que é muito especial.

Mas a coisa mais extraordinária que você descobre quando muda é que tudo é tão ordinário. É a incapacidade de mudar que é realmente tão extraordinária.

Portanto, o que quer que aconteça enquanto você estiver lendo este livro, aceite-o como parte de sua mudança.

Faz bem ao espírito.

Faz bem ao mundo.
Faz bem a você.

"Nenhuma mudança é efetuada sem dificuldades, mesmo quando é para melhor."

Richard Hooker

O SOPRO DE VIDA

A primeira coisa que fazemos quando chegamos a este mundo é aspirar. A última coisa que fazemos antes de morrer é expirar.

No intervalo entre a chegada e a partida, são apenas os movimentos respiratórios de inspirar e expirar que nos mantêm vivos. A respiração é o fator que determina como estamos em qualquer situação.

"O SEGREDO DA VIDA É A RESPIRAÇÃO."

ANAIS NIN

Qualquer que seja o nosso estado de espírito, não deixamos nunca de respirar.
Quando estamos doentes, respiramos.
Respiramos quando estamos dormindo.
Quando estamos brincando, respiramos.
Quando meditamos, respiramos.
Quando fazemos amor, respiramos.
Na verdade, a cada dia inalamos e exalamos, em média, 23 mil vezes. Mas paramos para pensar em nossa respiração?
A respiração não é apenas o ingrediente essencial à sobrevivência, mas também o meio pelo qual canalizamos nossas

energias, regeneramos nossas células e mantemos nosso equilíbrio. É também o meio pelo qual nos conectamos com nossos sentimentos. No entanto, devido à repressão emocional, muitos respiram apenas no nível mínimo de sua capacidade.

O fato de nos esquecermos de respirar ou de respirarmos com mais dificuldade quando estamos excitados, estimulados ou revigorados revela uma estranha anomalia da psique humana.

Diante de qualquer ato de intimidade, nossa energia sexual concentra-se no modo de respirarmos.

Como respirar é algo que tomamos como óbvio, a grande maioria de nós raramente tem plena consciência desse ato.

Portanto, para tirarmos o máximo proveito de nossa sexualidade, temos de descobrir a importância da respiração, pois estando conscientes dela, podemos intensificar nossa experiência erótica.

Por todo este livro colocamos um bocado de ênfase na respiração, uma vez que ela tem relação com muitos dos modos pelos quais podemos intensificar, explorar e nos concentrar em nossa sexualidade.

Respirar é uma questão de concentração.

"A RESPIRAÇÃO É A PONTE QUE LIGA

O CORPO À ALMA, O CORPO À MENTE.

SE VOCÊ CONSEGUE REGULAR A RESPIRAÇÃO,

VOCÊ TEM PODER SOBRE SUA MENTE."

OSHO RAJNEESH

Na ioga você inspira e expira pelo nariz, levando o ar através do peito até o ventre. Você pode sentir realmente o ar entrando em seu corpo e nutrindo-o. Ao exalar, o corpo abandona-se e relaxa.

No contexto da sexualidade, é mais provável respirarmos pela boca.

Como o ar transporta energia por todo o corpo, respirar é um dos componentes mais importantes do sexo.

Para exemplificar, eis um exercício que você pode praticar.

Deite-se de costas no chão, com os joelhos dobrados e juntos.

Os braços devem ficar estendidos e as palmas das mãos voltadas para baixo.

Ao inalar, estenda os joelhos afastando-os um do outro, erga o quadril e a pélvis, vire as palmas das mãos para cima e os olhos para trás. Sinta o ar entrando em seu corpo e descendo até o ventre.

Mantenha-se nessa posição enquanto retém o ar.

Ao exalar, deixe o corpo abandonar-se, relaxando enquanto volta para a posição inicial.

Repita esse exercício de dez a quinze vezes.

Na última vez, feche os olhos e estenda as pernas, sentindo o corpo afundar-se no chão.

Fique deitado nessa posição pelo tempo que quiser, sentindo o ar entrar e sair inteiramente de seu corpo. Deixe seus pensamentos flutuarem como se fossem nuvens.

Depois de ter conseguido entrar no ritmo de sua respiração, você vai entender como a respiração no contexto do amor e da intimidade torna-se um canal para a sua energia interna.

Quanto mais você respira, mais você cria um nível totalmente novo de excitação sexual.

Você encontrará muitos exercícios neste livro, a maioria dos quais relacionados à respiração.

Agora, respire profundamente.

"INALAR O ESPÍRITO DIVINO É REGENERAR, PRODUZIR; EXALAR O SOPRO DIVINO É ESTIMULAR E NUTRIR A MENTE."

BETTINA VON ARNIM

SUPERANDO O SENTIMENTO DE CULPA

"SE O SEXO É FEIO? SÓ QUANDO
É FEITO DA MANEIRA CERTA."

WOODY ALLEN

Muitos de nós — quando se trata de expressar e explorar a sexualidade — ficamos cara a cara com o sentimento conhecido como culpa. Aquilo que estamos fazendo, pensando, dizendo ou sentindo é de alguma maneira errado.
Ou impróprio.
Ou sujo.
Ou até mesmo vergonhoso.
Ou pode ser algo que não devíamos estar fazendo, porque temos medo de que alguém descubra.
Porque pode ser moralmente errado.
E mesmo quando desfrutamos, por que muitas vezes temos sentimentos de culpa quando a questão é sexo?
Por que a culpa entra em nossa mente quando procuramos aprender mais sobre nossa sexualidade?
A resposta está na emoção que constitui a culpa. Emoção que comumente é uma manifestação das opiniões, dos julgamentos e dos preceitos morais de outros.

A culpa resulta de todos os mandamentos que internalizamos através dos anos: "Você deve fazer isso" e "não deve fazer aquilo".

Sejam eles ditados pela comunidade, pela igreja, pela sociedade em geral ou por nossos semelhantes, o medo da sexualidade, que afeta muitas pessoas, traduz-se em atitudes estreitas. Não é necessariamente a mente estreita dessas pessoas que cria a culpa, mas, antes, o fato de nós, como indivíduos, não questionarmos nossas crenças.

Todos nós somos dotados de capacidade para pensar, interpretar e discutir qualquer tema que nos interesse.

A transferência de nossas crenças para os outros, e vice-versa, é a causa original de nossos sentimentos de culpa, e é um grande peso que carregamos conosco desde a infância.

Quando crianças, éramos constantemente bombardeados pelos sistemas de crença de nossos pais, professores, líderes religiosos e amigos.

Por mais intencionais ou fora de propósito que pudessem ser, esses sentimentos tendiam a encobrir uma série de aspectos de nossas vidas. Das questões de esporte às de política, carreira profissional e questões emocionais e espirituais. As opiniões dos outros também influenciaram nossas percepções com respeito à moralidade e a nós mesmos como seres sexuais.

"O HOMEM QUE NÃO PASSA
PELO INFERNO DE SUAS PAIXÕES
NUNCA CONSEGUE SUPERÁ-LAS."

CARL JUNG

São padrões de crenças como esses que, muitas vezes, se manifestam mais tarde como sentimentos de vergonha.

E da vergonha surge o sentimento de culpa.

A culpa é uma emoção inflexível, porque ela é um produto da mente. Ela existe, mas mesmo assim não existe.

Porque a culpa e a vergonha são produzidas pelo medo.

Aquele sentimento que você tem quando está fazendo algo que acredita que não deve ou não pode fazer.

"O MEDO CAUSADO PELA IGNORÂNCIA
É PIOR DO QUE O MEDO CAUSADO
PELO CONHECIMENTO."

DR. CHARLES HILL

Em outras palavras, ele é a expressão de uma crença que não é sua.

Só você pode aliviar seus sentimentos de culpa, assumindo a responsabilidade por seus atos.

O que você precisa entender é que explorar sua sexualidade e sua sensualidade não são motivo para você se sentir culpado.

Você pode dizer, fazer ou ser qualquer coisa, simplesmente sendo você mesmo.

Sem culpa.

Sem vergonha.

Sem medo.

Foi dito uma vez e repetido milhares de vezes:
"Você não tem nada a temer a não ser seu próprio medo."
Uma vez que você tenha dado o passo para fazer qualquer coisa que lhe dê prazer, o sentimento de culpa se dissipa.
E não tem volta.
Nem recriminação.
A culpa simplesmente deixa de existir.
Porque, na realidade, ela nunca existiu.

"O GRANDE PRAZER NA VIDA
É FAZER O QUE OS OUTROS
DIZEM QUE NÃO DEVEMOS."

WALTER BAGEHOT

AMAR A
SI MESMO

Para poder dar amor, você tem de sentir amor.
Para poder fazer amor, você tem de saber, por experiência,
o que é o amor.
Para poder falar de amor, você tem de estar amando.
E o primeiro e mais importante amor de sua vida é você
mesmo.
O amante interior.
Pois é conhecendo o amante interior que você conhece a si
mesmo.
E conhecendo a si mesmo, você começa a amar a si mesmo.
É nesse estado de amor por si mesmo que você será capaz
de compartilhar seu amor com outra pessoa.
Quando a questão é o amor por si mesmo, o problema que
todos nós temos de enfrentar alguma vez na vida é o modo que
devemos ser de acordo com os ditames da sociedade.
Essa imagem de perfeição, de acordo com a qual ninguém
consegue viver, é falsa.
Porque é por trás da fachada que se encontra a verdadeira
beleza, e trazê-la à superfície tem um efeito transformador.
Mas pode ser difícil nos permitirmos fazer essa descoberta.
A suposição de que o que somos não é o que os outros querem de nós é totalmente equivocada.
É ela que nos leva a criar uma imagem de nós mesmos que
não corresponde à realidade.

Como é o corpo que temos.
O rosto.
A barriga.
O cabelo.
As rugas.
As marcas do tempo.
As cicatrizes.
E assim por diante.

"UMA MULHER SÓ É REALMENTE BONITA
QUANDO ESTÁ NUA E SABE DISSO."

ANDRE COURREGES

A verdade de tudo isso é que, aos olhos da pessoa amada, todos esses aspectos são objeto de grande beleza e desejo. São eles que o diferenciam das outras pessoas e que o tornam um indivíduo único.

Mas antes você tem de aprender a aceitá-los e assumi-los como seus.

Amar todas essas partes de seu corpo, que formam o seu todo.

Porque, aprendendo a amar e aceitar a si mesmo, amar outra pessoa torna-se uma experiência mais fácil, mais rica e mais significativa.

Coloque-se vestido diante de um espelho, de preferência, um que seja de corpo inteiro.

Olhe para você mesmo.

Observe como você é e dê nome a tudo o que lhe agrada. E a todas as partes com as quais você não se sente bem.

Depois de fazer isso por um curto período de tempo, olhe-se nos olhos e comece a observar seus sentimentos.

O que você acha de si mesmo.

Como poderia aprender a se amar.

Tudo o que está se passando dentro de você.
Enquanto faz isso, respire profundamente.
Agora, dispa-se lentamente diante do espelho. Observe-se tirando as peças de roupa. As partes do corpo que vão ficando expostas.

Os braços.
As pernas.
As nádegas.
A barriga.
Os seios.
Os genitais.

Fique ali parado olhando para seu corpo nu. E continue respirando.

Veja-se respirando.

Como antes, observe-se em todos os aspectos. Deixe seus olhos pararem nas partes que não lhe agradam muito e comece a perceber o lado positivo delas.

Depois de ter examinado todo o corpo, olhe no fundo de seus olhos. Continue olhando. E respirando, leve o ar para o que está sentindo.

E entenda que você não é seu corpo, mas, sim, está nele.

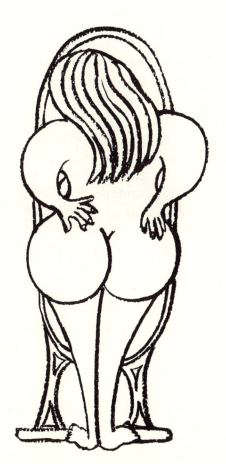

"ÀS VEZES ESSE ROSTO PARECE TÃO
ENGRAÇADO QUE ESCONDO-ME ATRÁS
DE UM LIVRO, ÀS VEZES ESSE ROSTO TEM
TANTA CLASSE QUE DOU UMA OUTRA OLHADA."

PHOEBE SNOW

Que é este corpo que você habita.
E que ele é bonito.
E com essa aceitação, diga a você mesmo que bela bunda você tem.
E que belas pernas.
E que figura sensacional.
E que boca sensual.
E que nariz delicioso.
E que umbigo engraçadinho.
Concentre-se especialmente naquelas partes que não considerava atraentes.
Volte agora a olhar nos seus olhos por alguns minutos. Observe seus sentimentos e leve a respiração até eles.
A essa altura você já começou a perceber que é um ser humano único e muito especial.
Veja-se como a pessoa incrivelmente linda que você é.

"O HOMEM É MAIS DURO DO QUE UMA
ROCHA E MAIS FRÁGIL DO QUE UM OVO."

PROVÉRBIO IUGOSLAVO

É esse sentimento que você tem de cultivar. Pois quanto mais você fizer isso, mais vai acreditar em si mesmo.
Termine o exercício olhando no fundo de seus olhos e di-

zendo para si mesmo: "Eu tenho dentro de mim um grande amor por você".

Aproxime-se do espelho e dê um beijo na sua imagem refletida.

Dê um passo para trás, feche os olhos e respire profundamente três vezes.

Ao inalar, sinta o amor e a vibração que acabou de descobrir.

Ao exalar, abandone todos os sentimentos negativos que tinha por você mesmo.

Abandone todas as opiniões contrárias.

Abandone seu ego, porque ele não tem mais lugar em sua vida.

Você é o que é e aceita tudo.

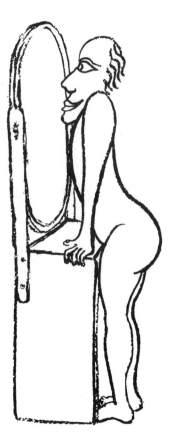

O aspecto mais importante desse exercício é o fato de você tê-lo feito pela primeira e última vez diante do espelho, pois o espelho não passa de um instrumento para você alcançar a consciência de si mesmo.

Afinal, o que você vê no espelho é apenas um reflexo. Observá-lo serve para você se conhecer. Mas agora ele não é mais necessário, porque você já descobriu sua beleza interior e essa o espelho não revela.

Você viu além da forma física.

É claro que haverá momentos em que as dúvidas com respeito a si mesmo voltarão. É nessas ocasiões que você terá de reafirmar seu poder, dizendo

simplesmente para si mesmo o seguinte mantra: "Eu sou o que sou. E sou bonito(a)".
Diga isso com verdadeira convicção e propósito.
Diga isso porque acredita nisso.
Diga isso com um verdadeiro amor por si mesmo.
Você é o que é.
E você é lindo(a).

"O AMOR É, ACIMA DE TUDO,
UMA DÁDIVA DE SI MESMO."

JEAN ANOULTH

JULGANDO UM LIVRO POR SUA CAPA

O tempo todo em nossas vidas, enquanto iniciamos e terminamos nossos relacionamentos com as pessoas, nossas percepções uns dos outros são um elemento importante do modo de nos relacionar.

E, com muita freqüência, o que vemos não é o que obtemos.

Quantas vezes, quando fazemos parte de uma reunião de pessoas, da qual algumas são estranhas, olhamos para alguém e formamos uma opinião a seu respeito e de como seria como parceiro sexual.

Além disso, no momento em que tomamos a decisão de nos aproximar de um estranho, nossa relação com ele muda. Começamos a nos questionar e criar imagens do que dizer, como dizer, se ele vai nos aceitar ou rejeitar e assim por diante.

Para muitas pessoas, estabelecer contato pelo olhar com

outra pessoa causa medo. Desviamos os olhos dela com medo de retribuir o olhar.

Esses são alguns dos jogos mentais que fazemos quando procuramos estabelecer contato com outra pessoa. A verdade sobre esses jogos é que são todos mentira.

Pense nisso.

"SEXO E BELEZA SÃO A MESMA COISA, COMO A CHAMA E O FOGO. SE VOCÊ ABOMINA O SEXO, ABOMINA A BELEZA. SE VOCÊ ADORA SENTIR A BELEZA, VOCÊ RESPEITA O SEXO."

D. H. LAWRENCE

Depois de ter conhecido um pouco melhor um estranho, com que freqüência suas percepções são confirmadas?

Como nosso primeiro contato com outra pessoa é visual, temos apenas uma vaga idéia de como ela é interiormente.

A voz dela pode ter um certo timbre.

O modo de ela sentir e reagir quando você a toca com um aperto de mão, um abraço ou um beijo pode revelar muitos dados sobre essa pessoa.

Quanto mais íntimos vocês se tornam, mais você constata que ela tem também gosto e cheiro únicos.

E você ainda nem chegou à mente dela!

Quando você chega a conhecer outros aspectos dela, como seu intelecto, suas atitudes, crenças, humores, opiniões e espiritualidade, você acaba diante de um ser humano único.

Um ser humano que não é a pessoa que você viu pela primeira vez.

Então, é claro, entra a questão da sexualidade.

Existe uma multiplicidade de desejos e tabus que as pessoas

nutrem com respeito ao sexo. Mas podemos afirmar quais são eles com base no primeiro contato?

Uma pessoa que parece uma estrela de cinema e que tem o corpo perfeito pode ter muitos problemas sexuais ou emocionais, enquanto outra mais tímida, de formas não tão perfeitas, pode muito bem ser um vulcão explodindo de desejo.

> "Se você não tem beleza, você procura essa beleza no outro. Mas o mesmo ocorre com a feiúra."
>
> Anais Nin

A sociedade de hoje dá muito valor às aparências. Nossas roupas, penteados, maquiagem, nosso jeito de andar e de nos comportar. Todos esses aspectos têm como objetivo causar uma forte impressão à primeira vista. Mas são os aspectos mais profundos de uma pessoa que a torna mais interessante.

Como já vimos no capítulo anterior, não somos apenas nosso corpo. Na verdade, ele é mero veículo que transporta nosso verdadeiro eu.

O corpo é apenas uma forma, e é quando exploramos além da forma que descobrimos quem a pessoa é realmente.

Portanto, não é sábio julgar um livro por sua capa.

Explore os primeiros capítulos. Se eles tocam sua sensibilidade, talvez você conclua que este livro é do tipo que você não pode deixar de ler.

> "O homem só se torna melhor quando conseguimos fazê-lo ver o que ele é."
>
> Anton Chekov

A BELEZA ESTÁ NOS OLHOS...

"Bem-vindo(a),
Vi você vindo de longe,
Vejo você agora,
E você é lindo(a)."

Essas palavras são dos bosquímanos da tribo kalahari da África. Quando ditas com sinceridade, elas causam um profundo impacto.

Quando você voltar a encontrar a pessoa amada depois de um período de separação, ou quando sentar-se com ela, antes de fazerem amor, olhem-se nos olhos um do outro e, com todo o amor que estiverem sentindo, sussurrem os versos um para o outro.

Quando chegarem ao último verso, "E você é lindo(a)", repitam-no várias vezes, olhando cada vez mais fundo nos olhos um do outro.

Quanto mais fundo você olhar, mais você perceberá o ser que existe no interior da pessoa amada.

Quando olhamos nos olhos de outra pessoa, não apenas a vemos, mas também a sentimos.

É nos olhos da pessoa amada que se revelam os aspectos de sua natureza interior, assim como os seus também.

Diz-se que os olhos são as janelas para a alma. São também espelhos à sua disposição.

Para muitos, olhar nos olhos de outra pessoa pode provocar uma sensação de mal-estar. Nos sentimos perturbados, como se o outro estivesse perscrutando nossos pensamentos ou estivéssemos perscrutando os dele.

Por mais intrusivo que lhe possa parecer, olhar nos olhos de outra pessoa abre fronteiras por meio das quais informações são transmitidas, questões são abordadas e o amor é cristalizado.

Mas olhar nos olhos de outra pessoa com um sentimento de afeto pode transmitir uma gama de sentimentos totalmente diferentes.

Ternura.
Paixão.
Empatia.
Anseio.
E confiança.

O que isso significa é que, salvo em raras ocasiões, é melhor não se ter um relacionamento íntimo com as luzes apagadas.

Porque na ausência da luz pode-se perder um pouco da intimidade.

"O AMOR NÃO RECONHECE A DIFERENÇA ENTRE UM CAMPONÊS E O IMPERADOR."

PROVÉRBIO JAPONÊS

A visualização das ondas de prazer.
De ver as alterações na cor e na luminosidade da pele, do cabelo, dos pés, do umbigo, do nariz, das orelhas, dos quadris, dos genitais e dos olhos da pessoa amada.
O contato pelo olhar vai dar uma nova dimensão ao prazer que vocês estão dando um ao outro.
Para fazer o seguinte exercício, sentem-se um diante do outro.
Idealmente, vocês devem fazê-lo no chão ou na cama.
E devem estar nus.
Quando tiverem encontrado uma postura confortável, um diante do outro, fechem os olhos por um momento.
Inspirem lentamente, imaginando o ar entrando pela genitália.
Em seguida, expirem, deixando o ar sair pela genitália.
Enquanto respiram, vocês vão sentir uma onda de calor percorrer todo o corpo.
Também perceberão a proximidade um do outro.
Passados alguns minutos, sem dizer uma única palavra, inspirem profundamente e, ao exalarem, abram os olhos e olhem um nos olhos do outro.
Vocês verão uma outra imagem um do outro.
É como se estivessem se vendo pela primeira vez.
Com a revelação da beleza interior de cada um, surgirá uma nova vibração e uma nova vitalidade.
Percorram com o olhar o rosto, o cabelo, o pescoço, o corpo, os braços e as pernas um do outro. Observem suas formas.
Sua curvatura.
Os recantos e dobras.

As texturas.
Enquanto se observam, sintam o olhar um do outro.
Não há nada de errado no caso de haver um pouco de desconforto, excitação, tristeza ou mesmo loucura.
Talvez vocês sintam vontade de chorar, de rir ou de simplesmente ficar em silêncio, um observando o milagre do outro.
Prestem atenção à respiração. Inspire a presença do outro.

"POR QUE NÃO SER A GENTE MESMO?
ESSE É O SEGREDO DA BOA APARÊNCIA...
SE SOMOS UM GALGO,
POR QUE PARECERMOS UM PEQUINÊS?"

EDITH SITWELL

Seu calor.
Sua proximidade.
Seu amor.
O fato de estarem juntos.
Dois seres que têm um vínculo intenso e profundo entre si.
Uma comunhão mútua.
Um amor profundo.
Quando acharem apropriado, sussurrem um ao outro o seguinte mantra:
Bem-vindo(a)
Vi você vindo de longe,
Vejo você agora,
E você é lindo(a)
E você é lindo(a)
E você é lindo(a)
E você é lindo(a)
Então, estendendo os braços, toquem-se. Aproximem-se para um abraço amoroso. Sintam a energia e o amor entre

vocês. Nesse encontro íntimo, vocês terão descoberto que a beleza está, na verdade, nos olhos de quem vê.
Bem-vindos.

"MUITAS VEZES AS
APARÊNCIAS ENGANAM."
ESOPO

REJEITANDO A REJEIÇÃO

Olhar nos olhos da pessoa amada (ou, neste caso, de qualquer outra pessoa) e dizer: "Você é lindo(a)" pode soar algo simples, mas em muitas situações não é tão simples quanto parece.
Especialmente quando o sentimento não é recíproco.
No período de nossa formação, desde a adolescência até o início da idade adulta, um dos principais motivos da perda de nossa auto-estima é a rejeição.

A rejeição pode ocorrer de muitas maneiras:
ser alvo de críticas de outra pessoa;
não ser convidado para uma festa ou evento;
ter recusada a proposta de um encontro;
ou ter rejeitada uma proposta sexual.

Quando ocorrem incidentes como esses, eles podem trazer experiências realmente dolorosas. Quanto mais somos rejeitados, mais dolorosos eles são e mais culpamos a nós mesmos por sermos rejeitados.

Isso pode nos levar à auto-rejeição, fazendo com que nossas vidas se tornem um reflexo de nossas próprias dúvidas.

Achamos que não merecemos. Que há algo de errado em nossa aparência ou em nosso modo de ser. Ou que as pessoas simplesmente não gostam de nós.

Em conseqüência disso, a cada vez que somos rejeitados, tomamos a rejeição como uma confirmação de nossa inadequação.

Isso seria realmente um problema se todas essas percepções sobre nós mesmos fossem verdadeiras.

Vamos repetir:

Nossas percepções quanto a sermos rejeitados não são verdadeiras.

A verdade é que aquilo que você acredita ser rejeição não passa de uma confirmação da crença que você tem a respeito de si mesmo.

É típico de uma situação em que você deseja pedir algo a alguém, mas já tem a resposta negativa impressa em sua mente. Essa expectativa interna, por sua vez, cria a rejeição.

Se você critica outra pessoa, o que você vê nela, na realidade, é um reflexo das crenças que você tem a respeito de si mesmo. O mesmo vale para os julgamentos daquilo que você imagina ser positivo e negativo na outra pessoa.

Da mesma forma, se você acredita em todas as críticas e rejeições que lhe são feitas, você vai sentir dor e aflição. E perder a auto-estima. Também ficará com muito medo. E esse medo é a manifestação de nossa incapacidade de acreditar em nós mesmos como indivíduos únicos.

É por isso que, para muitos de nós, a possibilidade de nos colocarmos diante do espelho traz à tona sentimentos de pânico resultantes das críticas que fazemos a nós mesmos.

Olhar fundo, para dentro de nós mesmos, é muito diferente de nos olharmos quando estamos fazendo a barba ou nos maquiando. Nessas ocasiões, o que vemos é superficial. É a máscara que usamos para nos conformar com a imagem que acreditamos ser aceita pela sociedade. É a máscara que usamos para encobrir nossa realidade emocional e sensual interior.

"PARA SER REJEITADO VOCÊ TEM
DE, ANTES, SER CONSIDERADO."
REVERENDO JESSE JACKSON

Assim, repetindo o exercício do espelho, muitas vezes sem o espelho, você vai começar a livrar-se da apreensão que sente quando é rejeitado. (O exercício diante do espelho foi descrito no capítulo "Amar a si mesmo".) Você pode explorá-lo ainda mais. Sente-se em silêncio e pegue uma folha de papel. Numa metade do papel, anote todos os motivos que o fazem sentir-se rejeitado. Todos os pensamentos e crenças que contrariam a aceitação total do "Eu sou lindo(a)".

Depois de ter começado, não pare de escrever.

Não importa que os motivos pareçam tolos. Continue anotando.

Continue escrevendo até não ter mais nada para dizer.

Tendo acabado de escrever, fique de olhos fechados por um momento.

Leia agora o que escreveu.

Inspire e leve o ar até os sentimentos que lhe vêm à tona.

Agora, na outra metade do papel, escreva todos os aspectos

positivos que você vê em si mesmo. Quando tiver terminado a lista, leia-a em voz alta.

Diga a si mesmo o quanto você é lindo(a), porque é verdade.

Diga a si mesmo o quanto você é uma pessoa única e maravilhosa, porque é verdade.

Entre em contato com seu próprio poder pessoal, permitindo que essa energia se torne realidade, porque ela é realidade.

Quanto mais longo for o tempo usado para fazer suas afirmações, maior será a aceitação de si mesmo.

E quanto mais você conhecer e aceitar a si mesmo do jeito que é, mais vai perceber que a rejeição não existe.

Isso porque você irradiará algo que, surpreendentemente, fará com que as pessoas reajam a você de modo diferente.

As dúvidas e auto-rejeições serão coisas do passado.

Afinal, não é tão difícil matar os velhos hábitos.

"AMAR A SI MESMO É O COMEÇO
DE UM ROMANCE QUE VAI
DURAR A VIDA INTEIRA."

OSCAR WILDE

DANDO PRAZER AO PRÓPRIO CORPO

Dar prazer a si mesmo ou masturbar-se pode ser uma experiência altamente erótica. Mas, para muitas pessoas, o simples ato de tocar alguma parte mais íntima e sensível do próprio corpo pode provocar fortes sentimentos de culpa e vergonha.
Dar prazer a si mesmo é um componente vital do amor e não há razão que o impeça de estar consigo mesmo. Nesse sentido, a vergonha e a culpa são incompatíveis com o amor por si mesmo.

"VIREI FAZER AMOR COM VOCÊ ÀS CINCO HORAS. SE ME ATRASAR, COMECE SEM MIM."

TALLULAH BANKHEAD

Quando se trata de dar amor a si mesmo, o corpo é um verdadeiro campo minado de pontos de prazer.
E esse ato de amor consigo mesmo é um meio maravilhoso de curar quaisquer sentimentos de culpa ou vergonha que você possa ter em relação à sua própria sexualidade.
Se você não sabe muito bem quais são as partes mais sensíveis do seu corpo, eis um exercício que você pode praticar.

Deite-se de costas sobre uma cama, feche os olhos e respire profundamente. A cada exalação, deixe-se afundar mais no colchão.

Passe os dedos por todo o seu corpo.
Acaricie seus mamilos.
Sua barriga.
Seu rosto.
Seu cabelo.
A parte interna de suas coxas.
Seus genitais.
Se há partes do seu corpo que você nunca tocou com a finalidade de obter prazer, é hora de arriscar um pouco.
Tome consciência de qualquer parte que lhe cause apreensão.
Concentre sua atenção nessa parte.
Deixe seus dedos aproximarem-se lentamente dessa área.
Em seguida, acaricie-a suavemente. Ao fazer isso, leve a respiração para os pensamentos ou sentimentos que surgirem.

O que quer que esteja acontecendo, não desista. Continue simplesmente acariciando a área.

"Logo ela estava meditando, se masturbando e sentindo-se dissolver no cosmos."

Alice Walker

Se você continua explorando seu corpo, mais cedo ou mais tarde, muito provavelmente, você vai sentir excitação na área genital. Isso pode ser conseqüência do contato direto ou do toque em uma parte especialmente sensível do seu corpo. Pode ser uma parte que você já conhece ou uma nova descoberta. Qualquer que seja a razão, simplesmente, continue deitado desfrutando dessa sensação.

Quanto mais você acaricia e brinca com seu corpo, maior será a excitação e mais você se aproximará da experiência orgásmica. É nessa hora que podem aparecer os sentimentos de dúvida ou de tristeza. Se isso acontecer, continue respirando e ignore qualquer tendência contrária — simplesmente surfe nas ondas de prazer.

Como veremos no Capítulo "Ejaculação...", tente evitar ejacular concentrando a respiração na sensação. O propósito do autoprazer é possibilitar o contato erótico com seu corpo, o que o levará a perceber melhor a natureza de seus orgasmos.

Entretanto, se chegar a um ponto em que você não consegue mais retardar a ejaculação, solte-a e curta a explosão. Enquanto ela ocorre, não deixe de perceber a respiração. Logo depois, surge um espaço para a meditação profunda. Isso porque, quando a ejaculação ocorre no contexto do autoprazer, ela não tem nada a ver com desempenho.

"MASTURBAÇÃO: A PRIMEIRA ATIVIDADE SEXUAL DA RAÇA HUMANA. NO SÉCULO XIX, ELA ERA CONSIDERADA DOENÇA; NO SÉCULO XX, É A CURA."

THOMAS SZASZ

Se ela lhe proporcionar prazer, ótimo.
Só você conhece seu corpo e seus pontos de prazer.
E a maneira que gosta de ser tocado.
E por quanto tempo.

As possibilidades são infinitas. Isso porque não há limites para o toque.

Tendo consciência do potencial sensual de seu corpo e capacidade para realizá-lo, você estará mais apto para dar prazer a outra pessoa, como daria a si mesmo.

"Nenhum homem é hipócrita em seus prazeres."

Samuel Johnson

O QUE O AMOR TEM A VER COM ISSO?

Tudo.

Ou deveria ter. Entretanto, se acreditamos na atitude que prevalece atualmente na sociedade, sexo e amor são coisas separadas.

Não queremos dizer com isso que o sexo sem amor não possa ser erótico, porque pode. Desde que você jogue com as cartas certas.

As transas ocasionais são quase sempre carregadas de um alto nível de emoção. Mesmo assim, como envolvem o sexo de forma diferente, precisam ser vistas pelo que são, segundo a verdadeira perspectiva.

Para que o sexo seja elevado de uma simples experiência erótica para uma experiência de felicidade e êxtase é preciso haver amor. É por isso que, para quem está apaixonado, o sexo é sagrado.

Quando se está apaixonado, o sexo deve ser explorado e satisfazer os desejos do casal.

"VOCÊ NÃO TEM DE FORÇAR O SEXO
A SE TRANSFORMAR EM AMOR NEM
FORÇAR O AMOR A SER SEXO."

MARY MCCARTHY

Para aqueles que se amam, fazer sexo é sentir as emoções.

Conseqüentemente, o sexo no contexto do amor torna-se uma extensão do amor. E como o amor situa-se num plano emocional mais elevado do que o sexo, ele não precisa ser sexual.

É esse mais elevado nível de consciência que transforma um ato sexual num ato de amor.

O que o amor tem a ver com isso?

Tudo.

UM BEIJO É SEMPRE UM BEIJO

Como algo que acontece entre duas pessoas, beijar é um ato de individualidade.

Seu beijo é tão individual quanto suas impressões digitais. A expressão máxima do seu modo de sentir.

Do seu modo de ser.

Do seu potencial mais profundo.

O beijo é uma conexão íntima, como exploração preliminar ou como conclusão de uma experiência de êxtase.

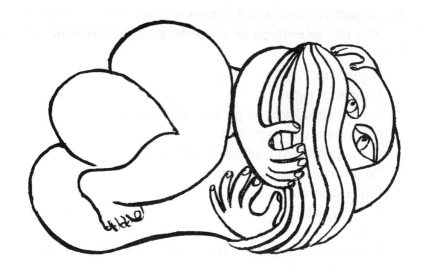

O beijo é o aspecto mais pessoal do sexo. Porque, ao se beijarem, os parceiros dão e recebem.

A cada beijo você entra em contato consigo mesmo e com a pessoa amada.

"Não foram meus lábios que
você beijou, mas minha alma."
Judy Garland

A cada beijo, você e seu amor tocam a mesma corda, em perfeita harmonia.

Quando a questão é beijar, não é você quem beija nem que é beijado. Você se torna o próprio beijo.

E a necessidade de beijar não requer nenhum ritual.

A necessidade não tem hora.

Nem lugar.

O beijo simplesmente acontece, a qualquer hora. Apaixonado, excitante, espontâneo, delicioso, afetuoso, terno e amoroso.

Mas não se esqueça de que o beijo mais importante é o primeiro.

E o último.

E todos os outros.

Seja ao amanhecer ou para dizer boa-noite.

No encontro ou na partida.

Como prelúdio ou epílogo do ato sexual.

Beijos para serem saboreados.

Profundamente.

Exploradores.

Permissivos.

E para serem tratados com a devida reverência.

"Você deve se lembrar disto:
Um beijo é sempre um beijo.
Um suspiro é sempre um suspiro.
O que é fundamental não muda
Com o passar do tempo."
                    Herman Hupfeld

Um beijo, para ser dado e recebido no momento supremo.
Quando o contato ocorre e a hora é propícia.
É por isso que um beijo é sempre um beijo.

Abraçar e ser abraçado

O abraço é o epítome da dualidade.

Mas em nosso mundo atual, muitas pessoas acreditam que ele só deve ser dado em situações de intimidade.

Como abraçar é um componente importante do amor, ele não precisa ficar restrito a hora e local específicos.

Porque abraçar é um ato inerente à nossa própria natureza. É envolver uma pessoa, de qualquer um dos sexos, com um abraço caloroso, prolongado e transmitir seus sentimentos mais profundos para essa pessoa.

O abraço pode dizer muito a respeito de seu afeto, de suas inibições, de seu comportamento. De você como pessoa.

O abraço pode ser dado em qualquer lugar, a qualquer hora.

Sem nenhum motivo.

A qualquer pessoa.
Amigos, colegas ou à pessoa amada.
Nos encontros, abracem-se.
Pela manhã, à noite, abracem-se.
Juntos debaixo do chuveiro, abracem-se.
Ao se despedirem, abracem-se.
E, é claro, antes e depois de fazer amor.

"O EXCESSO DE ALGO BOM
PODE SER MARAVILHOSO."
MAE WEST

Para ser eficaz, deitado ou em pé, o abraço tem de ser inteiro e totalmente envolvente. O peito, a barriga, a pélvis e as pernas precisam estar em contato e os braços devem envolver firmemente o corpo.

E sem tapinhas nas costas.

Ao abraçar, preste atenção à respiração, especialmente ao exalar, deixando o corpo dissolver-se no do outro. Tornem-se o abraço.

Percebam a energia um do outro.

Inalem o aroma do outro.

Sintam o afeto mútuo.

Ao dar um abraço você está satisfazendo a necessidade humana mais básica e poderosa de todas.

A necessidade de ser abraçado.

De ser acariciado.

De ser apertado.

O abraço é a união de duas pessoas. A mais pura manifestação do amor.

CRIANDO UM ESPAÇO SAGRADO

Uma maneira de intensificar o ato de fazer amor é mudando a dinâmica do espaço. O ideal seria reservar um cantinho como um lugar sagrado.

Um santuário.

Um espaço que não precisa ser permanente, mas que seja criado para a ocasião.

Pode ser um quarto de reserva ou um espaço comum da casa.

Ou, talvez, você simplesmente queira alterar o ambiente do quarto de dormir.

Por várias razões, é aconselhável arranjar esse espaço no chão, colocando no centro um colchonete com uma colcha de seda, de cetim ou de qualquer outro tecido de sua preferência.

Use panos, xales e outros tecidos para tornar o ambiente aconchegante.

Queime incenso e óleos inebriantes para intensificar a atmosfera.

Cerque a área com velas, flores, brinquedos macios e outros objetos que são espiritualmente importantes para você.

Deixe sua criatividade fluir e o resultado final será um ambiente que transpire sensualidade, tanto sua quanto de seu parceiro.

Providencie para ter à mão suas músicas preferidas, bem como água gelada, frutas e outros comestíveis exóticos.

Ilumine o ambiente apenas com a luz das velas.

Imagine que o espaço tem suas próprias paredes invisíveis, proporcionando o máximo de privacidade.

Um lugar onde partilhar seu amor e intimidade.

Um santuário, protegido das influências externas.

Um casulo, que envolve você e o seu amor.

Seu santuário começa agora a proporcionar uma sensação de antecipação.

Quanto maior for o sentimento de antecipação, maior será o nível de intimidade, pois o caráter íntimo do ambiente é o catalisador de situações íntimas.

As situações íntimas criam a própria intimidade.

PARA ESTIMULAR A INTIMIDADE

Criado o santuário, entrar nele e fazer parte dele requer um certo ritual.

Mesmo que você não tenha criado um lugar especial e, portanto, esteja simplesmente indo para a cama, o seguinte ritual pode ser uma maneira maravilhosa de iniciar suas sessões de amor, nas quais você e seu parceiro compartilham seu amor. É uma maneira de ambos se sentirem seguros e, portanto, à vontade, pois essa prática possibilita que vocês se conectem tanto física quanto espiritualmente.

> "O RITUAL É O ÚTERO GERADOR DA ARTE. SUAS ÁGUAS CONTINUAM NUTRINDO A CRIATIVIDADE."
>
> MIRIAM SIMOS

Para começar, escolha uma música apropriada para a ocasião.

Coloquem-se de pé, vestidos, porém descalços, um diante do outro.

Observem a figura de seu(sua) parceiro(a) à luz de velas.

Agora, fechem os olhos e inalem.

Sintam os aromas e as mudanças sutis de energia.

Observem a respiração, o ar entrando e saindo do corpo.

Imaginem o ar entrando pelo topo da cabeça e saindo pelo coração.

Entrem em contato com o que estão sentindo interiormente.

Percebam se os sentimentos de ambos estão em sintonia.

Como a presença de cada um está influenciando o modo de sentir e ser do outro.

Abram agora os olhos e olhem-se nos olhos.

Mantenham esse contato por alguns minutos, inspirando a energia.

A presença do(a) parceiro(a).

A beleza.

O ser.

O amor.

Sem dizer nada, cada um embala levemente o rosto do outro com as mãos.

Acaricia a face.

Passa os dedos pelos cabelos.

Olha atentamente.

Beija suavemente o rosto, as orelhas, os olhos, o nariz, a nuca e a boca um do outro.

Aos poucos, permitam-se fundirem-se num abraço profundamente envolvente. Ao fazerem isso, percebam se há alguma mudança nos sentimentos próprios e nos do outro.

Quando sentirem que é hora, separem-se lentamente e voltem a fazer contato pelo olhar.

É hora de um despir o outro, removendo lenta e sensualmente cada peça de roupa. Dispa seu(sua) parceiro(a) como você mesmo(a) gostaria de ser despido(a).

Lembrem-se de que vocês devem alternar-se na remoção das peças de roupa, uma de cada vez.

"SE NINGUÉM TIVESSE APRENDIDO
A DESPIR-SE, MUITO POUCAS
PESSOAS ESTARIAM APAIXONADAS."

DOROTHY PARKER

A cada peça que removerem, acariciem e/ou beijem a parte do corpo do outro que ficou despida.

Quando ambos estiverem nus, dêem-se outro abraço prolongado.

Deixem os corpos tocarem-se de cima a baixo.

Ao entrelaçarem-se, sintam suas energias se unindo.

Vocês são um único ser no abraço.

Faces coladas.

Peitos colados.

Pélvis coladas.

Pernas com pernas.

"MAIS UMA VEZ VOU TIMIDAMENTE
DEIXAR VOCÊ ME DESPIR E DESVENDAR
MINHA JÓIA SECRETA."

HUANG O

Sintam o calor do corpo do(a) parceiro(a), a maciez da pele, a suavidade do toque, o aroma.

Passem as mãos pelas costas um do outro.

Apertem as nádegas.

Passem os dedos pelos cabelos.

De olhos fechados, deixem os lábios se encontrarem.

Não beijando, mas tornando-se o beijo.

Tornando-se a paixão.

Tornando-se o amor.

Criando o embrião do desejo.

A semente da sedução.

A fonte da entrega.

Sentem-se agora, um diante do outro, e olhem-se nos olhos.

Dêem as mãos, com a palma direita voltada para baixo e a esquerda para cima.

Ao respirar, imaginem o ar entrando pela mão esquerda e saindo pela direita.

Mantenham essa sensação enquanto continuam olhando profundamente nos olhos um do outro.

Quanto mais tempo permanecerem nesse estado, mais perceberão o brilho que vem de dentro de cada um.

Mais sentirão a energia amorosa.

Mais intensa será a experiência de conexão única.

Vocês decidem por quanto tempo querem permanecer nesse espaço. Haverá vezes em que desejarão prolongar o tempo de permanência juntos. E outros em que apenas alguns minutos bastarão.

Não há um tempo certo para isso.

Quando sentirem que chegou a hora, juntem as palmas das mãos em postura de prece, colocando-as diante do rosto e curvando-se até as testas se tocarem.

Agora, digam um ao outro, um de cada vez: "Eu glorifico esse santuário que criamos e o respeito como parte de mim mesmo".

Com a realização desse ritual, vocês permitiram que a união se concretizasse e, com isso, lançaram as bases para o que possa vir a acontecer.

Se algo acontecer.

Porque a perfeição pode simplesmente ser vocês dois juntos.

Um nos braços do outro.

Um com o outro.

Ou deixando que a atmosfera do espaço determine o curso dos acontecimentos. E como vocês verão nas páginas seguintes, esse curso poderá conduzi-los a uma variedade infinita de prazeres, que também serão mais intensos espiritualmente, mais apaixonados e mais íntimos.

"QUANDO PROCURADO O AMOR
É BOM, MAS É MELHOR QUANDO
DADO ESPONTANEAMENTE."

WILLIAM SHAKESPEARE

Você é bom (boa) de cama?

E então, é ou não é?

Se sua resposta for afirmativa, então você é uma pessoa acima da média.

Ser "bom de cama" é um conceito extremamente subjetivo. Mas, mesmo assim, ele não é comumente questionado.

O que significa exatamente "ser bom de cama"?

Quanto é importante saber se somos "bons de cama"?

E se fazemos essa pergunta a alguém, que resposta esperamos receber?

Nossa curiosidade para saber o quanto alguém é bom de cama não seria, na realidade, uma manifestação da necessidade de ter nossos desejos mais profundos satisfeitos?

E ser "bom de cama" não seria, na realidade, a vontade e a capacidade de outra pessoa para satisfazer tais desejos?

Na verdade, o adjetivo "bom" não entra na equação, uma vez que somos todos diferentes sexualmente.

Se a penetração é o critério mais importante de sua prática amorosa, então o "bom" pode referir-se a por quanto tempo o homem consegue permanecer sem ejacular e se a mulher alcança ou não algum tipo de clímax.

"DUAS ALMAS COM UM ÚNICO PENSAMENTO.
DOIS CORAÇÕES NUM ÚNICO BATIMENTO."
MARIA LOVELL

Por outro lado, ser "bom" pode significar que uma ou ambas as partes gostem de fazer sexo oral.

Se ambos são sensíveis, carinhosos e apreciam a sensualidade e languidez que resultam da verdadeira intimidade, então suas transas sexuais durarão o tempo que vocês quiserem. Isso também pode ser qualificado como "bom".

Nosso modo de reagir varia de acordo com a pessoa com quem estamos. Com algumas, a química pode levar a transa até o epítome da paixão ou simplesmente ser suave e afetuosa.

O ideal seria estarmos com uma pessoa que não apenas se expressasse abertamente e expusesse suas emoções, mas também que desejasse ter experiências profundas de intimidade.

Em outras palavras, ser "bom de cama" é algo que se baseia numa mútua compatibilidade sexual.

Vocês são "bons" apenas um para o outro.

Vocês são bons de cama?

Sim, somos.

Se você tem um alto nível de prazer sexual com outra pessoa, a palavra "bom" perde o sentido.

Porque o prazer que um proporciona ao outro "simplesmente é".

Ele simplesmente é.

E quanto melhor ele é, melhor fica.

Esse é o verdadeiro significado de ser bom... juntos.

"Quando sou boa, sou muito boa,
mas quando sou ruim, sou melhor."
Mae West

O MITO
DAS PRELIMINARES

Como o sexo foi muito reprimido na sociedade ocidental, nossa educação sexual deixou muito a desejar.

A maioria dos livros sobre o assunto dá mais importância ao desempenho sexual do que ao envolvimento e à discussão em relação a dar e receber prazer.

O que a maioria sabe sobre sexo foi adquirido por meio de manuais ou por experiências próprias.

Uma possível questão que deve estar rondando sua cabeça seria: "Se este livro é sobre sexo, além da penetração, o que é, então, o jogo preliminar?".

"AS PAIXÕES DELA NÃO SÃO NADA MAIS DO QUE A MELHOR PARTE DO AMOR PURO."
WILLIAM SHAKESPEARE

Em nossas primeiras experiências, descobrimos que tínhamos de fazer algo conhecido como preliminares, antes da penetração.

Entretanto, quando se fala em preliminares, é preciso se perguntar: "Preliminares para quê?".

A resposta comum: "preliminares ao sexo" é entendida como um meio de "excitar" o parceiro.

Assim, as preliminares são como algo separado da penetração, que continua sendo erroneamente considerado por muitos como o sexo propriamente dito.

Conseqüentemente, se você vê o sexo como feito apenas da penetração, você está perdendo a verdadeira beleza e o verdadeiro significado do sexo em sua totalidade.

E é aí que surge a confusão sobre o que é a atividade preliminar.

Porque ela é, sobretudo, intimidade.
É acariciar.
Tocar.
Abraçar.
Beijar.
É o próprio sexo.

E se tudo isso faz parte do termo abstrato e errôneo "jogo preliminar", implicitamente, ele não existe. Ele passa a ser um mero prelúdio à penetração que nos priva de nossa espontaneidade.

Quando estiver com a pessoa que você ama, seja paciente, delicado(a) e carinhoso(a) em vez de ir logo saltando para cima dela(e). Fazendo isso, vocês poderão prolongar o ato sexual por quanto tempo quiserem.

Isso quer dizer que a penetração será algo muito mais integrado à relação sexual como um todo.

Quando você e a pessoa amada estão juntos em intimidade, o jogo preliminar deve ser tomado pelo que é.

Não como algo que vai levar a outra coisa.

Porque essa outra coisa não passa de um mito.

"O PRAZER SEM ÊXTASE É
TÃO VAZIO QUANTO UMA
PAIXÃO SEM TERNURA."

ALAN JAY LERNER

A PERCEPÇÃO SUTIL DA INTIMIDADE

Quando você e seu(sua) parceiro(a) têm uma união sexual, vocês percebem mudanças fisiológicas um no outro. A mudança que ocorre em forma de excitação prevalece e aumenta a sensualidade.

Há alterações em nossos traços faciais e corporais, porque nossas funções ficam mais aguçadas e passamos de um estado de relativa placidez para um estado de entrega extática.

De submissão amorosa.

De prazer apaixonado.

De total abandono.

O amor erótico se dá por meio dessa mudança.

Do olhar de cada um.
Do movimento sutil dos corpos.
Do umedecimento dos lábios.
Da mudança de posição.
Do brilho na transpiração.
Não.
Do brilho do suor.
Embaçado.
Quente.
Enquanto explora,
você descobre.
Saboreia.
Tudo o que vem do outro.
E de você mesmo.
De nós.
Como pessoas únicas.
Em nossa dualidade, ainda maior.

"VOCÊ ESTÁ EM TUDO O QUE FAÇO
E SONHO, ASSIM COMO O VINHO
TEM O SABOR DA UVA COM QUE É FEITO."
ELIZABETH BARRETT BROWNING

Quando unimos nossa força vital com a da pessoa amada, passamos a ser uma única entidade energética.
Que você pode considerar cármica.
Mediúnica.
Equipe de trabalho.
Espantosa.
Em seu poder de curar.
De inspirar.
E de transformar.
O todo é maior do que a soma de suas partes. No entanto, a soma das partes é o todo.

Os provérbios atemporais transmitem a mesma sabedoria? Sim, mas tais verdades exemplificam o que e como somos.

Da próxima vez que estiver em intimidade profunda com o ser amado, considere onde vocês estão e como se sentem um com o outro.

Observe as sensações e a união de suas energias.

Como exemplo dessa fusão de energias, experimente fazer os seguintes exercícios com seu(sua) parceiro(a).

Sentem-se com as pernas cruzadas, um diante do outro, deixando seus joelhos se tocarem.

Fiquem de mãos dadas. A mão direita voltada para baixo e a esquerda para cima.

Olhem-se nos olhos.

Façam agora os exercícios respiratórios, imaginando a corrente de ar subindo pelo centro do corpo e saindo.

"A HARMONIA FAZ AUMENTAR A
IMPORTÂNCIA DAS PEQUENAS COISAS;
A AUSÊNCIA DELA FAZ DIMINUIR A
IMPORTÂNCIA DAS GRANDES COISAS."

SALLUST

Entrando num ritmo respiratório comum, vocês criarão um nível energético surpreendente. Quando isso acontecer, simplesmente abandonem-se aos sentimentos que surgirem.

Tendo conseguido respirar juntos, à vontade, vocês podem aumentar a intimidade, com o homem sentado de pernas cruzadas e a mulher sentada em seu colo. Nessa posição, os corpos se tocam enquanto um envolve o outro em seus braços.

Respirando juntos, tragam seus pensamentos para o aqui e agora. Para onde vocês estão e o que estão fazendo. Entreguem-se às sensações e deixem que ocorra a fusão energética.

Finalmente, com um pouco de prática, vocês vão poder alternar o ritmo respiratório para que, enquanto um inspira, o outro expire.

Não há limite de tempo para a prática desses exercícios. Eles podem ser feitos num tempo mínimo de cinco minutos ou podem ser prolongados, se vocês mergulharem num estado meditativo, por várias horas. Eles podem ou não incluir a penetração.

Para o homem, no caso de ele sentir-se excitado a ponto de ejacular, ele pode simplesmente pedir à parceira que pare e continuar respirando profundamente, ou permanecer imóvel até a sensação passar.

Na verdade, durante a transa sexual, não há nada de errado em pedir ao outro para parar. Quando fizer isso, simplesmente relaxe e sinta a sensação, permanecendo em conexão com o outro.

Uma outra variante do exercício anterior é a respiração circular.

Ao inspirar, o homem imagina o ar entrando pelo coração e circulando até sair pelo pênis.

A mulher imagina o contrário: o ar entrando por sua vagina e saindo pelo coração.

Para que esse exercício seja totalmente benéfico, o casal precisa conseguir alternar devidamente a respiração.

Um pouco de concentração e de prática é tudo o que se requer.

Quanto mais vocês entrarem no ritmo, mais perceberão a energia aumentar entre vocês.

Sua união.

Envolvendo-os.

Encobrindo-os.

Atraindo-os para a fusão.

Ela pode vir em ondas ou subindo e descendo pela coluna ou, ainda, envolvendo ambos num círculo de luz.

A mudança sutil na energia erótica os levará a um nível ainda maior de intimidade.

Porque vocês estão juntos mesmo quando não estão. Dando um ao outro espaço para estar separado. Para estar a sós.

E quando sozinhos, o vínculo está sempre presente.

Mas a intimidade não é algo para se pensar. Quando ela acontecer, deixem-na fluir.

Pensar muito atrapalha.

Pois isso é o começo do êxtase. E o êxtase não provém da cabeça.

Mas do coração.

EXPLORANDO

Explorar novas fronteiras. Ir aonde ninguém jamais foi. Isso é a essência da exploração.
Conhecer aquelas partes do corpo do outro que você nunca viu nem tocou. Ou viu e tocou com receio.
Devido aos condicionamentos de nosso passado, sejam eles impostos pelos pais, pela religião ou pela sociedade, todos nós crescemos com certas inibições.
Para conhecermos total e plenamente nossa sensualidade, temos de romper essas barreiras.
É claro que quanto mais íntima é a parte, maior é a barreira.
Deve existir em você mesmo partes que, por uma razão ou por outra, nunca foram tocadas por outra pessoa. E também deve haver partes do corpo da pessoa amada que você nunca tocou.
Afinal, a exploração é uma rua de mão dupla.

"EU SOU, ENTÃO, UMA EXPLORADORA
E SOU TAMBÉM UMA CAÇADORA
OU O INSTRUMENTO DA PRÓPRIA CAÇA."

ANNIE DILLARD

Você deve sentir-se à vontade tanto para ser o explorador quanto para ser o explorado.

Mas o caminho maior para o erotismo e a sensualidade envolve riscos. É correndo riscos que você chegará a uma maior sintonia consigo mesmo(a) e se abrirá mais para os outros.

Antes de iniciar qualquer sessão de prazer ou de massagem com o seu(sua) amado(a), considere as partes do seu corpo que lhe causam inibições. Aquelas partes sobre as quais você impôs restrições.

Fique deitado(a), imóvel, e feche os olhos concentrando-se nessas partes.

Entre em contato com o que você está sentindo em relação aos aspectos do corpo que você tem dificuldade de expor.

Pergunte a si mesmo(a) por que essa parte do seu corpo é vulnerável. Por que tem receio de ser tocado(a) ou beijado(a)?

Pode ser porque você sente vergonha.

Ou constrangimento.

Ou timidez.

Ou confusão.

Ou culpa:

Ou vulnerabilidade.

Se for por um ou mais desses sentimentos, simplesmente sinta a emoção. Continue inspirando e levando o ar para aquela parte do corpo com a qual você não se sente à vontade.

Quando estiver preparado(a) para explorar

ou ser explorado(a), rompa uma de suas barreiras para a pessoa amada. Corra esse risco. Ele faz parte da aventura. Quando essa parte secreta de seu corpo for exposta e, em seguida, tocada, acariciada e cuidada, você sentirá uma nova vitalidade penetrar em seu ser.
Essa vitalidade é o despertar de sua sensualidade.
Enquanto vocês inspiram o toque um do outro.
A descoberta.
Esse é o resultado final da exploração.
Porque quanto mais você procura, mais você encontra.
Pérolas.
Pedras preciosas.
Um jardim de tesouros eróticos indescritíveis.
Um mundo de delicadezas aprazíveis.
Um universo de êxtases prodigiosos.
Que sua busca lhe traga muitas recompensas.

"UM DIA PASSADO EM TAL DESFRUTE SERENO
VALE POR UMA VIDA DE ENORME INSATISFAÇÃO."

JAMES MONTGOMERY

A IMPORTÂNCIA DA PELE

Um sábio erudito referiu-se certa vez à pele como sendo de importância vital, simplesmente pelo fato de proteger o que há por baixo dela.

Essa afirmação, obviamente, é verdadeira.

Afinal, a pele é o maior órgão do corpo humano.

Ela respira.

Sente.

Protege.

Elimina.

Tem cheiro.

Transpira.

Absorve.

E brilha.

A importância da pele não deve ser subestimada. Especialmente em se tratando de intimidade.

Nossa pele é algo único e maravilhoso.

Acaricie-a e ela ficará cálida e lânguida.

Morda-a e ela sentirá dor.

Passe suavemente uma pena e ela ficará arrepiada.

Envolva-a com os braços e ela se sentirá segura.

Faça-lhe uma massagem e ela ficará macia.

Como fazíamos quando éramos bebês e nos permitíamos ter as sensações prazerosas de nosso corpo.

Podemos sobreviver sem ver nem ouvir. Mas se formos privados também do toque, o mundo ficará totalmente sem sentido.

Alguns estudos demonstraram que o crescimento emocional do bebê tem relação direta com o modo de ele ser tocado.

Da próxima vez que você vir um bebê, observe como, em sua inocência, ele curte tocar-se e brincar consigo mesmo. Infelizmente, desde que éramos muito pequenos, disseram-nos sempre que tocar o próprio corpo era proibido. No entanto, nos sentirmos à vontade e livres com o nosso corpo é de vital importância para o desenvolvimento de nossa sensualidade.

"VOCÊ PENETROU EM MINHA PELE."

COLE PORTER

Observe, também, como o bebê gosta de ser tocado e acariciado. Seus gritinhos de prazer. Suas risadinhas. O langor com que adormece.

Na verdade, tais desejos e sensações permanecem conosco para sempre.

A pele é um afrodisíaco notável. Mesmo antes de tocá-la, a simples atenção à pele pode ser uma experiência altamente erótica e sensual.

Já disse o quanto é importante tratar com carinho o corpo da pessoa amada. O seguinte exercício é mais específico.

Sentem-se nus, um diante do outro, olhando-se nos olhos.

Passem lentamente os olhos um pela pele do outro.

Observem sua maciez.

Suas dobras.

Suas sardas.

Seus pêlos.

Manchas.

Tonalidade.

Idiossincrasias.

Depois de cinco ou dez minutos, vocês chegarão ao ponto no qual poderão transformar suas fantasias em realidade, sentindo, um de cada vez, a pele do outro.

O parceiro receptor fica deitado, de olhos fechados. Simplesmente relaxando e respirando.

É recomendável, durante essas sessões, colocar um fundo musical suave, que agrade a ambos.

Quando o homem começa a acariciar a mulher, ela deve concentrar-se não apenas no toque, mas também no tornar-se o toque. Ele deve se permitir a experiência de dar, enquanto ela a de receber.

Concentre-se na beleza da pele de seu(sua) amado(a) e imagine todas as coisas que pode fazer.

Então, faça-as.

Acaricie-a.

Lamba-a.

Beije-a.

Aperte-a.

Cheire-a.

Aninhe-a.

Sopre-a.
Esprema-a.
Morda-a.
Envolva-a.
E torne-se ela.
Ela não é interessante?
Depois de cerca de trinta minutos, troquem de posição.
Quando ambos tiverem acabado, tomem um banho quente juntos. Esfreguem o corpo um do outro. Joguem água um no outro. Beijem e acariciem a pele molhada um do outro. Depois, sequem-se um ao outro. Curtindo a sensação da toalha sobre o corpo.

"Venha viver comigo e ser meu amor,
E vamos provar alguns novos prazeres juntos,
De areias douradas e córregos cristalinos
Com fios de seda e ganchos de prata."

John Donne

Antes de irem para a cama, fiquem em pé, um olhando nos olhos do outro, e dêem-se um longo abraço sensual.
Pele contra pele.
Agora, saltem para a cama.
Desfrutem da descoberta de que o amor vai além da pele.
E você que achava que a pele só servia para proteger o que havia por baixo dela!

"Sempre que alguém verdadeiramente
lhe dá prazer, você fica satisfeito."

Ralph Waldo Emerson

A MÁGICA DA MASSAGEM

Quando se trata de explorar o corpo da pessoa amada, sentir a beleza e a textura de sua pele, é natural que você queira explorar a antiga arte da massagem.

A massagem é uma das dádivas mais preciosas que uma pessoa pode dar à outra.

É tocar de forma sensível e sensual.

Jocosa e apaixonada.

Carnal e erótica.

A massagem no contexto erótico pode ser tão íntima quanto o casal desejar.

Tudo depende de como ela é feita.

E recebida.

Passar as mãos pelo corpo da pessoa amada pode ser uma parte muito especial do relacionamento a dois.

Apertar a carne.

Acariciá-la.

Espremê-la.

Torturá-la.

Provocá-la.

Acarinhá-la.

Uma coisa nunca deve ser esquecida: massagear o corpo da pessoa amada é uma extensão do amor entre os dois.

Em vários sentidos, a massagem vai além do sexo, porque, para que ela realmente funcione, você tem de dar praticamente todo o seu corpo à pessoa amada.

No entanto, para muitas pessoas, pode haver algumas dificuldades.

Como já discutimos, certas pessoas não gostam de ser tocadas por outras pessoas em algumas áreas do corpo. Se for esse o caso, antes de iniciar uma sessão de massagem, exponha abertamente a seu(sua) parceiro(a) o que lhe agrada e o que não lhe agrada. Colocando assim abertamente seus limites, você estará fortalecendo o vínculo de confiança e honestidade entre vocês.

O contrário — ultrapassar os limites, permitindo que o corpo seja tocado leve e suavemente naquelas partes sensíveis — pode ser muito liberador. Você se surpreenderá com a intensificação do relacionamento resultante do fato de você arriscar-se mais.

Prepare um lugar especial para fazer a massagem. Procure torná-lo realmente confortável, com velas, incenso e música suave e relaxante.

Procure ter um bom óleo de massagem. Óleo para bebês não serve. Deve ser um de qualidade, como o de damasco ou de amêndoas, que podem ser comprados em lojas de produtos naturais ou em casas especializadas. Esses óleos são comestíveis e, portanto, se você quiser, pode beijar ou lamber seu parceiro durante a massagem.

Você também pode mandar fazer uma receita especial de óleo para massagem ou comprar um óleo puro e você mesmo colocar a essência, como por exemplo de patchuli, sândalo, laranja, ou qualquer outra de sua preferência.

Evite usar óleos envasados em frascos de plástico, porque eles tendem a absorver esse material e, com isso, causar danos à pele sensível.

"TODO O PRAZER DO AMOR ESTÁ NA SUA VARIAÇÃO."

MOLIÈRE

É aconselhável aquecer o óleo, mantendo o frasco em um recipiente com água quente ou colocando-o perto de um aquecedor.

Quando o óleo estiver pronto para ser usado, determinem quem vai fazer e quem vai receber a massagem.

A tarefa de quem recebe é não fazer nada além de abandonar seu corpo ao desconhecido. A de quem vai aplicar a massagem é a de ajudar o outro a deitar-se de bruços, procurando deixá-lo o mais à vontade possível, com travesseiros sob a cabeça e as pernas.

Depois que você, o receptor, expôs seus limites, deixe-se tocar sem resistir.

Uma vez deitado(a), abandone-se. Sinta os aromas do ambiente.

Concentre-se no lugar em que você está sendo massageado e naquilo que o(a) massagista está fazendo.

Simplesmente sinta.

Lembre-se da palavra-chave: *entrega*.

Durante a massagem, você pode emitir sons que expressem suas sensações de prazer. Ao mesmo tempo, não tenha receio de estimular o(a) massagista a continuar fazendo o que lhe está proporcionando prazer ou de pedir-lhe que pare, com um simples movimento de mão.

O(A) massagista precisa saber que não é necessário apressar o processo, que pode levar todo o tempo do mundo.

Vocês não têm nada mais para fazer e nem têm de ir a qualquer lugar.

Não existe nenhuma regra rígida quanto a que parte do corpo massagear primeiro. No entanto, como a parte frontal do corpo envolve uma série de áreas sensíveis, começar pelas costas permite que a pessoa se entregue mais rapidamente à massagem.

Eis uma sugestão de massagem que você pode incrementar ou alterar da maneira que for melhor para ambos.

Como massagista, quando você tocar a pessoa, não se centre no toque, mas torne-se o toque.

Dissolva-se no toque.

Pois, ao fazer isso, seu amor, sua energia e todo o seu ser emanarão de suas mãos.

Comece colocando suavemente as palmas de suas mãos nas solas dos pés do seu(sua) parceiro(a). Mantenha-as ali por alguns minutos e fique de olhos fechados, direcionando sua energia e seus sentimentos para as mãos.

Em seguida, coloque uma das mãos na altura da cintura e a outra entre os ombros. Feche os olhos e, ao exalar, imagine a pessoa amada estendendo-se através de suas mãos.

Depois de alguns minutos, afaste suavemente as mãos das costas.

Despeje um pouco de óleo nas mãos e esfregue-as. Agora passe-as nas costas e nas nádegas da pessoa, espalhando o óleo e massageando-as centímetro por centímetro.

"OS BONS AMANTES SABEM,
HÁ SÉCULOS, QUE A MÃO É PROVAVELMENTE
O MAIS IMPORTANTE ÓRGÃO SEXUAL."

ELEANOR HAMILTON

Em massagem, o segredo está na versatilidade.
Aperte a carne do(a) parceiro(a) entre seus dedos.
Esfregue-a suavemente.
Com firmeza.
E delicadeza.
Então, deixe seus dedos descerem suavemente do pescoço até as nádegas.
Seja criativo(a) no direcionamento e no movimento das mãos.

"MINHAS MÃOS SÃO MEU PÊNIS."

MICKEY ROURKE

Para a maioria das pessoas, ter as nádegas massageadas é uma experiência extremamente prazerosa. Continue simplesmente acariciando-as da mesma maneira que acariciou as costas. São as nádegas ou as virilhas que o colocam diante do limite mais provável: até onde ir? A resposta é: até onde o outro permitir.

Lembre-se sempre de que quanto mais se explora, maior será a excitação.

Portanto, arrisque-se.

Deixe seus dedos seguirem seu curso e faça o que achar certo, e assim ambos terão uma experiência maravilhosa.

"SE VOCÊ NÃO SE ARRISCA
A NADA, ARRISCA-SE AINDA MAIS."

ERICA JONG

Você poderá retornar às nádegas depois de ter massageado as pernas, seguindo as mesmas regras básicas que aplicou nas costas.
Não esqueça os dedos dos pés.
Um de cada vez.
E as solas dos pés.
Passe as mãos em volta de cada perna, subindo e descendo por elas. A parte interna das coxas, em muitas pessoas, é extremamente sensível.
Tendo acabado de massagear as pernas, você pode voltar às nádegas, integrando-as às pernas. Então, passe as mãos por todo o corpo da pessoa amada.
Se você desejar, dê a seu corpo o prazer de deitar-se sobre a pessoa e mover-se sobre o corpo dela. Essa proximidade pode ser muito prazerosa.
Durante a massagem, provavelmente, você vai sentir um forte desejo de beijar e acariciar o corpo do seu amor. Realize esse desejo com carinho e delicadeza.
Torne-se o beijo.
Torne-se a carícia.
Se nesse momento um de vocês se excitar, curtam essa sensação.
Concentre-se em suas sensações e respire profundamente.
Ao terminar de massagear as costas, beije suavemente a face e o lóbulo da orelha de seu(sua) parceiro(a), sussurrando-lhe que é hora de se virar.
Isso é mais fácil do que parece, porque, dependendo de como você massageou as costas, virar requer um pouco de esforço.

Sente-se e dê à pessoa tempo e espaço para virar-se. Não há necessidade de apressá-la.

Ela acabará reunindo forças lentamente para virar-se, e, quando isso acontecer, esteja ali para ajudá-la.

Quando ela já estiver deitada de costas, coloque uma das mãos sobre seu coração e a outra sobre o estômago, logo acima do umbigo. Deixe a pessoa acomodar-se enquanto, de olhos fechados, você dirige seu amor e sua energia para o corpo dela.

Estimule-a a respirar profundamente, procurando abandonar-se a cada expiração.

Depois de alguns minutos, retire suavemente as mãos.

É hora de recomeçar a massagem.

É melhor começar pelos braços. Simplesmente erga-os, um de cada vez, passe óleo neles e, em seguida, massageie lentamente cada parte: braços, antebraços, pulsos, mãos e dedos.

Lembre-se de que o propósito da massagem é simplesmente dar carinho ao parceiro(a), não provocar algum tipo de catarse terapêutica — embora isso possa acontecer.

Se o massageado é o homem, a parte frontal é tratada da mesma maneira que as costas. Passe as mãos pelo peito e pela barriga. Tocar de leve seus mamilos pode ser muito estimulante, como também a área do baixo-ventre, diretamente acima dos genitais.

Na mulher, a massagem nos seios pode provocar um alto nível de excitação. Se não houver nada em contrário, seja suave. Passe as mãos suavemente sobre os seios, apertando-os levemente e excitando os mamilos. A pessoa que está sendo massageada deve comunicar ao parceiro o que lhe agrada.

Não esqueça de que o ventre da mulher contém boa parte de seu poder e sensibilidade.

Massageie a parte frontal das pernas seguindo o mesmo procedimento usado na parte de trás. Não esqueça os pés e a parte interna das coxas, que nos aproxima dos genitais.

Algumas pessoas preferem não ser tocadas nos genitais. No caso da massagem erótica, quando se chega a essa área, é provável que a pessoa já esteja bastante excitada.

O modo de tocar os genitais do(a) parceiro(a) deve agradá-lo.

Deixem-se guiar um pelo outro.

Conversem sobre as suas preferências.

Muitos homens temem a ereção nessa hora e procuram reprimi-la.

Não faça isso.

Se seu pênis quer ficar ereto, deixe-o ficar. Seria anormal uma mulher não gostar de ver um pênis ereto.

A essa altura, pode ser fácil perder o controle da massagem. Se um de vocês, ou ambos, sentir um forte desejo de abandonar-se, controle-se.

Continue respirando.

Deixe as sensações circularem pelo corpo.

Permaneça no espaço que você criou e continue o que estava fazendo.

"Tudo o que é considerado espiritual no homem passa pelos sentidos; é por isso que é por meio deles que ele é atraído para todas as coisas?"

Bettina von Arnim

Não há metas a serem alcançadas. Vocês estão simplesmente juntos, se curtindo. Tudo acontece por si só.

As últimas partes a serem massageadas são o rosto e a cabeça. Ambas são extremamente sensíveis ao toque, e quanto mais sensível for a pessoa, mais profunda será a sensação.

O rosto deve ser massageado com cuidado, pois para muitas pessoas é a área de maior sensibilidade. Você pode usar as mãos, os dedos, a língua ou os lábios para acariciar suavemente a testa, o nariz, os olhos, as orelhas, o pescoço e os lábios. Pressione-os languidamente e acaricie cada uma dessas partes.

Passe os dedos pelos cabelos e em volta da nuca.

No final, deite-se ao lado da pessoa amada e simplesmente fique com ela. Acaricie suavemente seus cabelos, seu peito ou sua barriga.

Quando ambos sentirem que é hora, sentem-se de frente um para o outro.

A pessoa que foi massageada agradece ao massagista pelo carinho e respeito recebidos. E o massagista agradece ao massageado por lhe ter permitido entrar em seu espaço reservado e por ter aceito seu amor.

Inclinem-se um para o outro e dêem-se um forte abraço.

Talvez vocês queiram agora, juntos, tomar um banho quente e aromático.

É uma boa idéia, mas não obrigatória, já que apenas um é massageado de cada vez. Esperem um dia para inverter os papéis.

Como você mesmo(a) perceberá, a massagem é um modo muito importante e sensível de unir um casal. Ela também proporciona um alto nível de prazer erótico sem ser pela penetração. Enquanto tal, ela pode constituir-se numa transa que pode durar horas em vez de minutos.

Que tal fazer uma sessão hoje?

TOMAR BANHO JUNTOS

Uma das famosas máximas defendidas pelo movimento ambientalista para estimular a população a economizar água é que deveríamos tomar banho junto com uma pessoa amiga. Essa é uma idéia atraente, já que na maioria das vezes a pessoa amiga é também nosso par.
Tomar banho juntos é uma das experiências mais íntimas da vida.
Os dois na banheira e tomando uma chuveirada juntos têm seus próprios atrativos.

"ATOS NOBRES E BANHOS QUENTES CONSTITUEM A MELHOR FORMA DE CURAR A DEPRESSÃO."

DODIE SMITH

Se vocês estão pretendendo fazer amor, é melhor tomarem um banho juntos antes, não só para lavarem o corpo, mas também para estimularem-se e excitarem-se mutuamente.
Se você deu ou recebeu uma massagem, banhar-se após a sessão é uma experiência excelente por ser extremamente amorosa e relaxante.
A primeira coisa a fazer é transformar o banheiro num lugar

especial, colocando velas em posições estratégicas à volta do espaço. Em seguida, encher a banheira com água quente e derramar algumas gotas de óleo aromático nela. Como para a massagem, essências de patchuli, laranja ou sândalo são as mais apropriadas. Mas você pode ter muitas outras fragrâncias de sua preferência.

Espalhe algumas pétalas de flores sobre a água.

Se possível, coloque alguma música suave e sensual para intensificar a experiência.

Ao entrarem no banheiro, um despe o outro, olhando-se à luz das velas.

Passados alguns minutos, dêem-se um longo abraço antes de entrarem na banheira.

Como as banheiras são relativamente pequenas, na primeira vez vocês podem ter um pouco de trabalho até encontrar a melhor posição. Pode ser com os dois deitados, um de frente para o outro, um atravessado com as costas sobre o peito do outro e, se vocês forem realmente ousados, um deitado sobre o outro.

A idéia é ficarem relativamente imóveis, uma vez que tenham se acomodado.

Deixem a água circular em volta do corpo.

Inalem o perfume dos óleos.

Passado um tempo, vocês podem desejar um ensaboar o corpo do outro.

Ou fazer cócegas nos pés um do outro.

Ou respingar água no outro.

Ou simplesmente ficar abraçados, sentindo a umidade e a fragrância dos corpos.

Chegará a hora em que vocês terão de sair. (Isso normalmente acontece quando a água começa a esfriar ou os dedos começam a ficar enrugados!)

"EM RELAÇÃO AO BANHO QUENTE,
EU SINTO O QUE OS RELIGIOSOS SENTEM
EM RELAÇÃO À ÁGUA-BENTA."

SYLVIA PLATH

Lentamente, vocês dois saem da banheira e envolvem-se em toalhas felpudas.

Podem dar-se outro abraço enquanto se secam.

É recomendável que mantenham suas atividades pós-banho num plano sobretudo espiritual.

Vocês podem querer ficar juntos no lugar especial de vocês ou caírem na cama e simplesmente ficarem abraçadinhos.

Inalando o perfume suave e de limpeza um do outro e explorando a maciez da pele.

Como bebês recém-nascidos.

Enroscados um no outro.

Para se amarem.

Para dormirem.
Para sonharem.
Uma chuveirada juntos funciona melhor pela manhã, especialmente após uma noite de total entrega.
Estar juntos debaixo do chuveiro com a água escorrendo sobre os dois proporciona uma experiência altamente erótica.
Uma chuveirada dá o toque de acabamento.
Um ensaboando o outro, deixando que os dedos percorram o caminho até encontrar o lugar onde gostam de ficar.
Beijar-se apaixonadamente enquanto a água quente escorre pelos rostos, lábios e entra pelas bocas unidas.
Pressionar um ao outro contra a parede do chuveiro.
Mais e mais.
Sentir as linhas molhadas e sensuais do corpo do outro.
Esse ritual matutino passar a ter uma nova perspectiva.
Enquanto vocês se secam e iniciam o dia.
Separados ou juntos.
Permanecendo ligados.
Como sempre acontece com os que se amam.

"Peixes fisgados."
W. C. Fields

ACENDENDO O FOGO

Excitação.
Sensação que pode surgir a qualquer hora.
Em qualquer lugar.
Com qualquer pessoa.
Ou com alguém especial.
Quando menos se espera.
Quando se olha um nos olhos do outro.
Ou se abraça.
Ou se passa a mão no corpo do outro.
Uma força interior começa a despertar.
De desejo.
De anseio.
De antecipação.
Essa é a chama do desejo.
Que irrompe da combustão interna.
A força de sua energia sexual.
Sua vitalidade.
Com as secreções escorrendo.
Quando essa sensação ocorrer, sintonize sua respiração com ela.
E, fazendo isso, entregue-se à sensação.
Porque ela é a precursora.
Do prazer que está ocorrendo e dos que estão por vir.
Isso é acender o fogo.

Inflamar a chama.

E será a sua energia e a do seu par que os colocarão em órbita.

Uma energia, uma força, um fogo que é difícil apagar. Se não impossível.

"O PRAZER RARAMENTE É ENCONTRADO ONDE ELE É BUSCADO. NOSSAS CHAMAS MAIS INTENSAS DE SATISFAÇÃO NORMALMENTE SÃO ACESAS POR FAÍSCAS INESPERADAS."

SAMUEL JOHNSON

A ALQUIMIA
DA HONESTIDADE

Por toda a nossa vida, conosco mesmos ou com os outros, estamos sempre brincando com nossa honestidade emocional. De muitas maneiras, tendemos a mascarar nossos verdadeiros sentimentos e esconder nossos segredos. O que, na verdade, estamos fazendo é manter toda a dor, raiva e frustração trancadas em nossas profundezas, e o resultado é o entorpecimento de nossa sensualidade.

Apesar disso, conseguimos nos apresentar com máscara de coragem.

Quando nos perguntam como vamos, invariavelmente respondemos "Bem".

Bem?

Quanto?

Em que medida?

Ou, quem sabe, não tão bem?

Na verdade, provavelmente, nos sentiríamos bem se isso ou aquilo acontecesse.

Poderíamos ganhar algum dinheiro.

Conseguir um outro trabalho.

Iniciar um novo relacionamento.

Mas, independentemente de essas coisas ocorrerem, o fato é que estamos esperando que nossa vida melhore com a mudança de coisas superficiais, sem mudarmos nada em nossa forma de sentir.

"SE QUISERMOS SER HONESTOS CONOSCO MESMOS
TEMOS DE SER HONESTOS COM OS OUTROS."

GEORGE MACDONALD

Assim, vivemos à espera de nos sentirmos bem, algum dia, num futuro previsível, desde que algo aconteça para catalisar a melhora de nossa disposição.

De uma perspectiva pessoal, você precisa realmente parar de fantasiar o futuro para ter tempo de refletir sobre o que está acontecendo com você.

Reconhecer a verdade sobre si mesmo.

E a pessoa que você ama.

Aceitar o que vocês são e o fato de que só existem neste momento.

Com muita freqüência, vivemos no passado e antecipamos o futuro. Como não se vive em nenhum desses tempos, nenhum deles tem qualquer relevância.

"AMO-O MAIS DO QUE ONTEM.
MAS NÃO TANTO QUANTO
AMAREI AMANHÃ."

EDMOND ROSTAND

Se, quando sentir medo ou ansiedade, você concentrar sua mente exatamente no lugar em que está e naquilo que está fazendo neste instante, neste momento, você verá que a situação tem menos importância do que imaginava.

É essa perspectiva que lhe permite expandir os parâmetros de sua honestidade.

Finalmente, concentrando-se no momento presente, você

descobre que a aceitação da honestidade é um dos principais ingredientes de uma verdadeira relação amorosa.
Honestidade que é dada sem recriminações.
Honestidade que é compartilhada com amor.
Honestidade para revelar ao outro seus segredos, suas decepções, suas irritações ou seus desejos.
Abertamente e sem subterfúgios.
Especialmente os segredos obscuros e profundos que só você e seu ursinho de pelúcia conhecem.

E confiar um segredo obscuro e profundo a alguém pode muito bem trazer à tona algum de seus maiores medos. Que ao confiá-los, a pessoa possa dizer algo como: "E daí?". É então que você pode perceber que, afinal, o segredo não era nada de tão importante, simplesmente porque a única pessoa a julgá-lo importante fora você.
Abrir-se dessa maneira para a pessoa amada faz parte da relação amorosa íntima.

Eis um exercício que você poderá fazer de vez em quando. Uma vez por mês seria o ideal, mas talvez você sinta necessidade de praticá-lo com mais freqüência. Antes de iniciá-lo, você deve saber que ele tem várias utilidades.

Idealmente, ele se constitui numa forma de um abrir-se para o outro e, como tal, não tem a finalidade de provocar uma discussão. Se, entretanto, um de vocês achar que tem uma série de assuntos para discutir, este exercício poderá evitar uma briga.

Sintonizem-se simplesmente um com o outro e, se um de vocês sentir que tem um problema a respeito de algo que entende como crítica, sugiro que esperem para fazê-lo em outra hora, mais oportuna.

Em seguida, cada um revela ao outro aquilo que o irrita, o incomoda ou o perturba.

Não escondam nada, ponham tudo para fora.

Por mais banal que seja.

O ouvinte, sem dizer nada, simplesmente fica sentado, mantendo contato pelo olhar.

E respirando.

Especialmente quando ouve algo que pode ser doloroso.

Quando uma pessoa terminou de falar, a outra agradece por ela ter confiado coisas a respeito de si mesma e reconhece o que disse. Ela não deve comentar nem discutir qualquer questão que possa ter lhe causado raiva ou ansiedade.

Em seguida, os papéis são invertidos.

"AQUELE QUE PERDEU SUA HONESTIDADE NÃO TEM MAIS NADA A PERDER."

JOHN LYLY

Quando for a sua vez de ouvir, esteja atento para não tomar o que a outra pessoa está dizendo como crítica. Embora possa lhe parecer que está sendo injustamente acusado ou servindo de despejo, isso não é verdade.

Criticar é comumente a especialidade do crítico.

Lembre-se de continuar respirando, ouvindo o que está sendo dito e deixando que as palavras passem. É deixá-las ir que é importante.

Quando tiverem concluído essa parte, cada um toma um minuto para revelar ao outro algo sobre si mesmo que havia ocultado. Pode ser um desejo, algum incidente de seu passado, um momento embaraçoso, quanto dinheiro tem no banco, uma doença secreta. Qualquer coisa. Simplesmente, falem durante um minuto. Quando um pára de falar, o outro agradece por ele ter confiado seu segredo.

Agora, um revela ao outro tudo o que vê de positivo no outro. Pode ser seu modo de falar, de gesticular, algo que o outro fez que lhe agradou. Não se constranjam, expressem seus sentimentos. Aqui, também, um reconhece o que o outro confiou e agradece por ter compartilhado algo de si mesmo.

Finalmente, quando ambos já tiveram sua oportunidade, os dois sentam-se e discutem algumas das revelações feitas. Mas não prolonguem a discussão. Se o que um disse é verdade, o outro simplesmente a reconhece e vai em frente.

Então, fechem os olhos, curvando-se um diante do outro em reverência a si mesmo e ao outro.

Agora abram os olhos e olhem um para o outro.

Vejam a beleza que há no outro, seus sentimentos, seu amor e sua honestidade.

Agora, dêem-se um longo abraço apertado e saltem para cima da cama.

O que vocês acabaram de descobrir fortaleceu o vínculo entre vocês.

Vocês se aproximaram mais um do outro ao revelar seus segredos íntimos. Agora cada um sabe algo mais a respeito do outro e cada um deu uma parte de si, que mantinha guardada. Não apenas no contexto da sexualidade, mas de todas as áreas da vida do casal.

Como a honestidade é um componente vital de qualquer relacionamento, ela não deve se restringir a uma única pessoa.

Todos os dias nos sentimos próximos das pessoas à nossa volta e com as quais interagimos regularmente. Também com elas, valem as mesmas regras de honestidade.

É essa honestidade que enriquece nossos relacionamentos, muito mais do que somos capazes de imaginar.

"NÃO VOU TER NENHUM ARMÁRIO TRANCADO EM MINHA VIDA."

GERTRUDE BELL

O QUE ESTÁ PASSANDO PELA SUA CABEÇA?

Muitas coisas.
Mas nenhuma delas tem a ver com o que você está fazendo.
Ou sentindo.
Especialmente em relação ao sexo.
Isso porque fomos condicionados a viver na cabeça, a ver as coisas de uma perspectiva analítica, e é isso que sempre restringe ou impede nosso crescimento emocional e sexual.

"O CORAÇÃO SABE MAIS
DO QUE O INTELECTO."
J. G. HOLLAND

Não é que não devamos ser analíticos. Às vezes, nossas mentes criam pensamentos, críticas, excusas, reações, avaliações, perguntas, opiniões, suposições, julgamentos e toda uma gama de problemas que nos impedem de encontrar o verdadeiro equilíbrio emocional.
É essa tagarelice incessante que precisamos controlar, retirando a consciência da cabeça e levando-a para o corpo.
E o coração.
Se você acha que isso não é verdade, eis um exercício que poderá experimentar fazer com seu(sua) parceiro(a). Como

todos os outros exercícios propostos neste livro, este também exige honestidade absoluta.

Deitem-se um ao lado do outro, no lugar especial de vocês ou na cama.

Se quiserem, podem ficar vestidos.

O procedimento é o seguinte: enquanto um fala o outro ouve.

O que vai falar deita-se de costas e o outro bem ao seu lado, colocando uma mão no centro do tórax, no chacra do coração, que controla os sentimentos da compaixão e da consciência.

Feche os olhos e respire profundamente. A cada expiração, deixe o corpo afundar-se mais no colchão.

Comece visualizando uma típica experiência sexual com ou sem seu(sua) parceiro(a).

Ela deve incluir todos os aspectos que levam à atividade sexual, bem como o que acontece durante e depois do ato. Deixe fluir todos os pensamentos que, normalmente, lhe vêm à cabeça enquanto você faz amor.

"Assim como as esperanças passadas estão na cabeça, a vergonha passada está no coração."

John Lyly

Expresse em voz alta cada imagem ou desejo que lhe vier à mente.

Tudo.

As apreensões, as dúvidas, a antecipação, as expectativas, os sentimentos e os desejos.

A lista de compras, os resultados dos jogos de futebol, as contas, sua mãe, seu pai, suas tarefas etc.

As diferentes posições em que gostaria de fazer amor.

As partes que gostaria que seu parceiro tocasse, lambesse, acariciasse, arranhasse, puxasse, cutucasse, chupasse e beijasse.

Tudo.

Não reprima nada.

Ponha tudo para fora.

E não pare enquanto não tiver terminado.

Quanto mais verdades você expuser, melhor se sentirá.

Aquele que está ouvindo deve simplesmente estar presente, prestando atenção àquilo que o outro está vivenciando e sentindo.

Esteja atento à natureza catártica dessa experiência.

No final do exercício, continuem deitados e abraçados.

Quando achar que é hora, agradeça ao(à) parceiro(a) por ter lhe permitido expressar seus pensamentos. O outro simplesmente reconhece a sua honestidade.

Então, troquem de lugar e repitam o exercício.

Esse exercício serve para demonstrar que, ao sair da cabeça e entrar no coração, você começa a entrar realmente em contato com suas emoções e com sua sexualidade.

Você descobrirá uma nova inocência e uma nova ludicidade presentes no seu ato de amor. Estando mais presente, no aqui e agora, você não esconde nada de si mesmo nem de seu parceiro.

Quanto mais você expressar os seus desejos, mais eles serão realizados.

O coração não mente jamais.

Só a cabeça é capaz disso.

"Eu o amo pela generosidade de seu coração, não pelo que sua mente sabe."

W. H. Davies

A ILUSÃO
DA FANTASIA

No amor erótico não existe isso que chamamos de fantasia. Não o que a palavra significa realmente.
A palavra fantasia significa literalmente sonhos irrealizáveis.
Visões relativamente abstratas.
Ilusões totalmente improváveis.

Uma fantasia pode ser a visualização do ato sexual com a figura exposta nas páginas centrais da revista *Penthouse*, com um herói dos esportes ou uma estrela de cinema. Pode ser fazer amor em local público ou uma situação impossível de ser concretizada. A verdade é que, mesmo havendo a mais remota possibilidade de realizar qualquer um desses devaneios, eles não seriam nem de longe o que foram imaginados.

Entre as fantasias podem estar também aquelas transas sexuais extraordinárias, que você gostaria de ter com uma ou mais pessoas. Mas, como tais idéias têm grande possibilidade de se tornar realidade, elas não fazem necessariamente parte do reino da fantasia.

"CRIANÇA DE CENHO LÍMPIDO E DESANUVIADO

E OLHOS SONHANDO COM MILAGRES,

EMBORA O TEMPO PASSE E VOCÊ E EU

ESTEJAMOS SEPARADOS POR METADE DE UMA VIDA,

TEU SORRISO AFÁVEL, COM CERTEZA, SAUDARÁ

A DÁDIVA DE AMOR DE UM CONTO DE FADAS."

LEWIS CARROLL

Esses são seus desejos e necessidades.

Como exemplo, talvez você sinta um forte desejo de despejar mel ou de passar sorvete de framboesa pelo corpo da pessoa amada e então lambê-la. Isso, obviamente, é mais do que possível: a fantasia torna-se desejo e o desejo uma experiência erótica extremamente prazerosa.

Quanto mais você imagina cenas sexuais quentíssimas com uma ou mais pessoas, conhecidas ou desconhecidas, mais você estará criando uma imagem daquilo que realmente deseja.

E essa é a sua verdade, uma vez que quando se trata de expressar honestamente a sexualidade, tudo é possível, desde que as partes envolvidas estejam de acordo.

Se não houver acordo expresso, o conseqüente desacordo se manifestará como negação. Isso significa que você não pode ter o que deseja e a única forma de obter o que você deseja é por meio de seus sonhos, que assim seja. Quando você se encontra em estado de negação e é incapaz de dar-se a outra pessoa, mais freqüentes e mais grandiosas serão suas fantasias, uma vez que a fantasia é um produto da negação.

O fato de estar sempre fantasiando é que as fantasias encobrem os problemas que existem em seu relacionamento e, portanto, são outro meio de levar a cabeça para a cama.

Quanto mais você estiver presente no ato sexual, mais total será a experiência e maior será seu vínculo com a pessoa amada. Não há necessidade de fantasiar quando se está presente no aqui e agora; a maior fantasia de todas é estar em intimidade com o outro.

Conseqüentemente, por sua capacidade de trazer-se para o momento presente, quando você experimenta a totalidade do orgasmo, a fantasia deixa de existir.

Só resta a realidade.

"OS DESEJOS DO CORAÇÃO SÃO TÃO
TRAPACEIROS QUANTO UM SACA-ROLHAS."

W. H. AUDEN

EXERCÍCIOS PARA ATINGIR O ÊXTASE

Embora a ênfase do sexo além da penetração seja muito mais na sensualidade e na espiritualidade, é importante que o corpo esteja em forma.

Isso não quer dizer que você tenha de ser atleta, mas quanto melhor for sua forma física, maior será sua resistência. Existe um músculo no corpo que é vital para a manutenção de sua energia sexual e ele é conhecido como *pubococigeus* ou, simplesmente, músculo PC.

O músculo PC está situado entre os genitais e o ânus, e é aquele que você aperta quando tem necessidade de controlar o fluxo de urina.

Quando estiver urinando, interrompa o fluxo.

Muito bem! Você localizou seu músculo PC.

Da perspectiva sexual, é o músculo PC quem primeiro entra em ação quando você tem um orgasmo. Por essa razão, saber controlá-lo pode melhorar a qualidade e prolongar seus orgasmos.

Para o homem, com prática e exercícios respiratórios, o músculo PC ajuda a retardar a ejaculação.

É relativamente fácil exercitar e fortalecer o músculo PC. Você pode fazer isso deitado(a) na cama ou no chão, sozinho(a) ou acompanhado(a).

Simplesmente relaxe todo o corpo.

Dobre os joelhos.

Agora, pressione o músculo PC para dentro e para fora, como para urinar.

Tendo conseguido fazer isso, você pode elevar os quadris para a frente e para trás como num giro da pélvis. Concentre-se na área do músculo PC inspirando durante o movimento para a frente e expirando ao relaxar.

E se você começa a sentir prazer, vá em frente.

Não é preciso esforçar-se para flexionar o músculo PC.

Você pode fazer esse exercício de cinco a dez minutos por dia ou sempre que sentir necessidade.

Há um outro exercício importante, que envolve toda a região pélvica. Ele é conhecido como *A Onda*.

Para fazer *A Onda*, relaxe, com as pernas abertas na linha dos ombros.

Contando até quatro, mova a pélvis para a frente, para cima e para trás, como se fosse uma roda girando.

Ao erguê-la, inspire, e, ao abaixá-la, expire. Seus braços também se movem ao redor de seu corpo, alinhados com a pélvis.

Procure manter o resto do corpo imóvel.

Ao entrar no ritmo, você começará a ganhar fluidez.

A Onda pode ser praticada a sós, com os olhos fechados ou, se acompanhado, mantendo o contato pelo olhar. Se quiser ouvir uma música, prefira uma que tenha uma batida contínua para tornar esse exercício mais agradável. Um álbum que ajuda a fazer esse exercício é o *Shamanic Dream* (Nightingale NGH-CD-321).

Praticar *A Onda* de quinze a vinte minutos por dia fará você sentir mais intensamente a região pélvica. Faça isso, lembrando-se de respirar profundamente e levar o ar para a região. Você pode praticar também na posição deitada ou de quatro, firmando-se sobre as mãos e os joelhos.

Manter o músculo PC e a pélvis em forma, assim como todo o corpo, é importante para você exercer um maior controle sobre sua sexualidade.

E isso é algo que merece o esforço investido.

DANDO PRAZER A SI MESMO POR MEIO DA MEDITAÇÃO

"POR QUE NÃO AGARRAR LOGO O PRAZER?
QUANTAS VEZES A FELICIDADE É DESTRUÍDA
POR PREPARATIVOS DESNECESSÁRIOS!"

JANE AUSTEN

Se você já conseguiu ficar totalmente à vontade com seu corpo, tanto no plano espiritual quanto no físico, você poderá proporcionar a si mesmo(a) uma experiência de prazer simplesmente meditando e respirando.

É claro que isso vai além da masturbação, porque permite que você entre em contato e retenha sua energia orgásmica.

Para o homem, isso é especialmente importante, porque masturbar-se normalmente envolve auto-estimular-se até ejacular. O que pode desencadear algum sentimento depressivo e, em muitos casos, sentimentos de culpa.

O autoprazer pela meditação possibilita que você alcance o êxtase sem cair em depressão.

Para a mulher, assim como para o homem, alcançar o orgasmo pela meditação resultará no prolongamento do prazer.

Deite-se na cama com os olhos fechados.

A cada expiração, sinta seu corpo afundar-se mais no colchão.

Remova de sua mente todos os pensamentos intrusivos.

Continue respirando profundamente e levando o ar até o ventre.

Lentamente, vá tomando consciência de todo o seu corpo. Pés, pernas, peito, braços, mãos, pescoço, cabeça e rosto.

Concentre agora sua atenção na região dos genitais.

Imagine-se inspirando e expirando pelos genitais. Deixe o músculo PC contrair-se e dilatar-se com a passagem do ar.

Após algum tempo, você pode começar a perceber uma leve pulsação na região pélvica. Mantenha a mente concentrada nela.

Quando estiver em perfeita sintonia com a pulsação, comece a aumentar o ritmo de sua respiração. Continue pressionando o músculo PC. Você pode começar a sentir o impulso de mover os quadris para cima e para baixo.

Imagine um tubo vazio percorrendo o centro de seu corpo. Ao inspirar, sinta o ar entrando pelos genitais e subindo pelo tubo. No início, é provável que você consiga senti-lo só até a altura do abdômen ou do peito. Entretanto, com um pouco de prática, você conseguirá levar a energia até o pescoço e deixá-la sair pelo topo da cabeça.

Ao expirar, solte o músculo PC e deixe o ar percorrer a área genital.

Talvez você sinta uma sensação de calor nos genitais.

Ou a sensação de estar embaixo de uma cachoeira.

É possível que seu corpo esteja realmente começando a vibrar.

Você pode estar sentindo uma aceleração no ritmo respiratório, que também é estimulado.

Finalmente, com um pouco de prática, você poderá aumentar sua excitação, até a respiração ficar quase ofegante.

Quando isso acontece, a palavra-chave é, de novo, *entrega*.

Ao chegar a esse ponto, simplesmente abandone-se.

Entregue-se a qualquer que seja a sensação.

Ao fazer isso, você logo perceberá todo o seu corpo movendo-se descontroladamente.

Deixe que aconteça o que tiver de acontecer. Deixe as sensações de prazer envolvê-lo inteiramente.

Esse processo pode durar alguns minutos ou horas. Pelo tempo que você quiser.

Especialmente os homens serão capazes de desfrutar dessas sensações de ejacular. Chegará o momento em que as sensações desvanecerão. Quando isso ocorrer, deixe a respiração normalizar-se. Continue deitado, com essas sensações dentro e fora de seu corpo.

Sinta a vitalidade e a força que você acabou de gerar.

Sinta o prazer que você acabou de dar a si mesmo.

Sinta o amor que deu a si mesmo.

Sinta o amor por si mesmo.

"COMO É ESTAR CONSIGO MESMO,
SEM TER DE VOLTAR PARA CASA.
COMO UM TOTAL DESCONHECIDO,
COMO UMA PEDRA ROLANDO?"

BOB DYLAN

A LINGUAGEM DO AMOR

Uma das partes mais sensíveis e vulneráveis do corpo humano são as orelhas.
O sentido da audição apreende grande parte dos prazeres eróticos e sensoriais do mundo, assim como suas distrações.
É por meio dos ouvidos, de quem dá e de quem recebe, que forma-se o vínculo espiritual único.
Seus ouvidos ouvem mais do que você percebe.

"O OUVIDO É O CAMINHO PARA O CORAÇÃO."

VOLTAIRE

Da próxima vez que você estiver andando por um parque, pare e, de olhos fechados, preste atenção em todos os ruídos. Você tomará consciência de uma multiplicidade de sons diferentes que, anteriormente, você não havia notado.
O mesmo acontece quando você explora a sua sensualidade.
Para muitas pessoas, ter as orelhas chupadas, lambidas e sopradas é uma experiência extremamente excitante.
Para outras, as palavras de amor, sussurradas em voz baixa, causam as mesmas sensações.

Pode ser o som de um certo tipo de música que faz fluir as secreções internas.

Ou pode ser o silêncio.

O silêncio que lhe permite entrar dentro de si mesmo e estar em seu próprio tempo e espaço.

Quando está com a pessoa amada, você precisa abrir seus ouvidos para o que está acontecendo ao seu redor.

"QUEM SABE NÃO DIZ E
QUEM DIZ NÃO SABE."
LAO TSÉ

Quanto mais você ouve, mais intensa é a excitação.

O ritmo respiratório do outro.

Os gemidos de prazer.

Os gritos de desejo.

Por outro lado, à medida que seu prazer aumenta, você pode querer concentrar-se nas suas próprias sensações.

Como exemplo, há um jogo simples, que você pode fazer com seu parceiro para aguçar o ouvido.

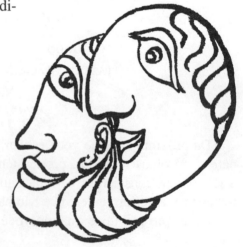

A pessoa que vai ouvir fica simplesmente deitado, com os olhos fechados ou vendados. O outro provoca uma série de sons aprazíveis usando instrumentos ou gravações de sons de sinos, chocalhos, tambores, água corrente, música. Um de cada vez, simplesmente faça o som em volta da cabeça e do corpo do outro. Ou coloque-o para tocar em algum lugar e deixe que ele envolva a outra pessoa. Pode também, sem dizer nada, acariciar as orelhas do outro, soprar nelas ou lambê-las.

Concluída a prática, pare e curtam o silêncio. Porque o silêncio aprofunda a conexão entre ambos. E depois da erotização do ouvido, o silêncio adquire um novo significado.

O exercício não precisa levar mais de dez a quinze minutos. Quando ambos já tiveram a sua vez, sentem-se um diante do outro e transmitam um ao outro o que cada um sentiu. O exercício mexeu com suas emoções? De que sons vocês gostaram e de quais não gostaram? O que sentiram?

O que vocês dizem um ao outro será a melhor coisa que ouviram durante todo o dia.

"FALAR DE AMOR
É FAZER AMOR."
HONORÉ DE BALZAC

O DOCE ODOR DA SENSUALIDADE

Se existe algo verdadeiramente afrodisíaco é o odor do corpo.

É, portanto, estranho que a indústria de cosméticos, com seus infinitos conhecimentos, tenha declarado inaceitável o odor do corpo.

Isso não quer dizer que não devemos usar perfumes, mas simplesmente que não há motivos para ocultarmos o nosso próprio cheiro.

O cheiro é outra faceta do que e de quem somos realmente. Inspirar o cheiro e as fragrâncias da pessoa amada pode ser uma experiência extremamente prazerosa.

Cada um de nós tem seu próprio cheiro, assim como cada um tem seu próprio modo de sentir o cheiro. O que pode não cheirar bem para uma pessoa, pode atrair outra.

Pode-se dizer que o cheiro está no nariz de quem cheira.

Não tenha receio de explorar e inalar todos os cantinhos quentes e deliciosos do corpo da pessoa amada.

Todos os seus recantos e cavidades.
Suas axilas.
Os dedos de seus pés.
Atrás das orelhas.
Entre seus cabelos.
Seus genitais.
Sua respiração.

"O DESEJO É A ESSÊNCIA DO HOMEM."

SPINOZA

Experimentem fazer o seguinte exercício, um de cada vez.

Um dos dois deita-se nu, no lugar especial que determinaram para a intimidade, enquanto o outro explora seu corpo com o nariz.

Cheire todas as partes do corpo do outro, inclusive as que não costuma cheirar. Inale seu aroma, o buquê, a fragrância.

Em certos sentidos, é como provar um vinho fino.

Logo, se ousar explorar as partes invisíveis, você descobrirá os aspectos eróticos do cheiro, inalando o cheiro único da pessoa amada.

Ao expirar, sopre o ar sobre a pele da pessoa amada, intensificando com isso a experiência que é surpreendentemente excitante para ambos.

Depois de mais ou menos quinze minutos exalando sobre a pele do parceiro, troquem de posição.

O cheiro é uma faceta da intimidade muitas vezes desprezada ou considerada sem importância. Mas, como todos os outros sentidos, seu papel excitante e provocador de grandes paixões não deve ser subestimado.

Agora, respirem normalmente.

"OS SENTIDOS NÃO SÃO DISCRETOS."

HANNAH GREEN

CULINÁRIA ERÓTICA

Em uma cena do filme *Klute*, de 1971, Jane Fonda está subindo a escada languidamente, atrás de Donald Sutherland, a caminho de um quarto de hotel, quando ela se vira para o recepcionista e pede que "mande subir uma garrafa de melado de bordo".

E a gente fica se perguntando quantas pessoas naquela época sabiam o que a personagem de Jane Fonda estava pretendendo com o melado de bordo. Mas sabe-se que, quando se trata de explorar o erotismo, a culinária pode intensificar muito a experiência.

"A CHAMA DO AMOR
É ACESA NA COZINHA."
PROVÉRBIO FRANCÊS

Assim como saciar a fome.

Há dois princípios básicos que devem ser seguidos quando se introduz comida ou bebida no jogo do amor: fartarem-se e gozarem mutuamente.

Você pode dar início a um banquete amoroso com uma refeição normal ou como parte do jogo erótico.

Ou ambos.

Você se surpreenderá com as emoções e com as sensações que vêm à tona com o ato de alimentar e ser alimentado pela pessoa amada.

A atividade lúdica que esse processo desencadeia é tal, que ambos se vêem voltando a ser crianças.

"DIZ-ME O QUE COMES
QUE EU TE DIREI QUEM ÉS."
BRILLAT-SAVARIN

Aparentemente, o simples ato de alimentar outra pessoa e de ser alimentado por ela pode também gerar uma espécie rara de cuidados.

Se for à mesa, ambos serão doador e receptor do repasto. Um coloca um pouco de comida na boca do outro.

Não é fácil?

E você achava que era difícil dar de comer a um bebê!

Quando for a vez da sobremesa, guarde-a para mais tarde, pois é então que a idéia fará realmente sentido.

Os papéis são agora ativo e passivo. Ao doador foi atribuída a tarefa de preparar uma série de pratos especiais, que serão surpresa para o convidado.

Realizada a cerimônia de entrada no santuário e o ritual de despir um ao outro como início da sessão de intimidade, aquele que foi designado para receber deve deitar-se de costas, com os olhos fechados.

A sobremesa erótica ideal pode ser o que você quiser, o limite é até aonde vai sua imaginação. Mangas, pinhas, uvas, cremes, musses, tortas, sorvete, pudins, produtos como mel, chocolate ou calda de caramelo e, é claro, melado de bordo!

Acomode a pessoa amada e comece a fazê-la relaxar com carícias e beijos suaves pelo corpo e rosto. Ela deve respirar profundamente e prestar atenção a todas as sensações à sua volta.

"UM BOM COZINHEIRO É
COMO UMA FEITICEIRA,
QUE DISTRIBUI FELICIDADE."
ELSA SCHIAPARELLI

Pegue o alimento e aproxime-o lentamente da boca da pessoa amada. Dê-lhe tempo para perceber sua proximidade e sentir seu aroma antes de colocá-lo em sua boca.

Provoque-a um pouco.

Quando ela abrir a boca, afaste o alimento.

Ou dê-lhe um beijo molhado.

Mordisque suas orelhas.

Acaricie seus mamilos com a comida.

Quando achar que já a torturou bastante, coloque o doce em sua boca. A pessoa, então, irá saborear, sentir seu gosto e textura, mastigando devagar e sensualmente.

Como doador, talvez você queira colocar algo na própria boca e, depois, passá-la para o outro, com um beijo. Assim, com essa passagem da comida de uma boca para outra, mastigando-a lentamente, provavelmente a atividade vai acabar numa transa altamente erótica.

O que vocês vão começar a perceber é que, por essa degustação, podem chegar a fundir-se num único ser. Os dois passam a ser um só, num estado orgásmico provocado por um simples bocado de comida.

Com a intensificação do desejo, o receptor pode abrir os olhos e os papéis são invertidos.

A essa altura, fechar os olhos provavelmente já não é mais necessário. E façam o que quiserem com a comida.

Invertidos os papéis, doador e receptor continuam o processo de alimentar um ao outro.

Podem passar comida pelo corpo um do outro e depois comê-la.

Despejá-la sobre o corpo um do outro e lambê-la.

Tomar um gole de suco ou champanhe e passá-lo para a boca do outro num beijo apaixonado.

Quando a questão é comida e sexo, não existem regras.

Soltem a imaginação.

Libertem o espírito criativo.

E bom apetite!

"Quanto mais se come maior é o apetite."

Provérbio francês

TORNANDO-SE A DANÇA

"VOCÊ VEM OU NÃO VEM
VOCÊ VEM OU NÃO VEM
VOCÊ VEM DANÇAR COMIGO?"
LEWIS CARROLL

Nós, seres humanos, nascemos para dançar.

Para nos movermos e girarmos de acordo com determinado ritmo, deixando-nos conduzir por nossas energias e emoções.

Dançar tem tudo a ver com o sexo.

Porque dançando abandonamos nossas inibições e nos permitimos expressar a liberdade que estamos sentindo.

Seja ela de movimentos frenéticos, como ao ritmo do rock, ou de movimentos lentos, que aproximam os corpos, é pela dança que passamos e intensificamos nossas energias sexuais.

A dança não é apenas para aquelas raras oportunidades festivas, mas para fazer parte da vida cotidiana.

Dançar é especialmente energizante pela manhã, para ativar o coração e despertar a mente e o espírito. Ou, no final da tarde, para soltar as tensões de um árduo dia de trabalho e elevar o nível de energia.

O que impede, neste exato momento, que você coloque

para tocar sua música preferida e comece a dançar, na sala de sua casa ou no escritório? Não importa que horas são nem se você está sozinho ou acompanhado.

Ao dançar, sinta a pulsação de seu corpo.

Perceba como ele se conecta com sua força.

Sinta a liberdade.

Gire os quadris e a pélvis ao compasso da música.

Erga o peito e os braços e balance a cabeça.

Exagere os movimentos.

Continue respirando profundamente até o ventre.

E preste atenção ao expirar. Solte as tensões, os medos e as inibições.

Não pare. Quando a música acabar, coloque outra.

Veja se consegue dançar por meia hora ou mais.

Use todo o espaço da sala.

Solte gritinhos e suspiros.

Você se surpreenderá com a vitalidade que começará a sentir.

A dança pode também ser suave e sensual, especialmente quando com seu par.

Coloque para tocar uma música lenta

e dance agarradinho(a) a seu par, com todas as partes dos corpos se tocando.

Com os braços em volta do corpo um do outro, movam juntos os quadris, lentamente, ao ritmo da música.

Deixem as faces se tocarem.
Colarem-se.
Passem as mãos nos cabelos.
Descendo-as pelas costas até as nádegas.
Sintonizem-se, um com o corpo do outro.
Sintam o perfume um do outro.
Beijem-se suavemente na nuca.
Nas orelhas.
No nariz.
E na boca.
Entreguem-se à paixão.
Ao desejo.
Aos movimentos do corpo.

Fechem os olhos e entreguem-se à música, aos movimentos e às sensações.

Se ficarem excitados, o que é muito provável, não se constranjam, continuem simplesmente dançando, juntos, respirando... e abandonando-se.

Vocês são a dança e a dança é vocês.
Que a dança esteja em todos os seus programas.

"DEVERÍAMOS NOS DEIXAR ARREBATAR
PELA DANÇA A PONTO DE SENTIRMOS
NOSSA CARNE VIVA COMO PARTE DO
COSMOS VIVO ENCARNADO."

D. H. LAWRENCE

A ESSÊNCIA DA POESIA

Em sua pureza e suavidade, a poesia é a mais poderosa das forças emocionais.
Porque a poesia é a expressão da emoção.
Uma maneira importante de reconhecermos e respeitarmos a beleza do outro.
Um meio de revelarmos a existência de nossa paixão.
Uma reunião dos pensamentos de ambos.
Pensamentos que exploram as profundezas do consciente.
E do inconsciente.
Por meio da poesia podemos expressar o que sentimos.
E sentir o que expressamos.
O sentimento é o elemento singular, que torna a poesia poética.
Grande parte deste livro está escrita de forma poética.

"A VERDADEIRA POESIA CONSEGUE COMUNICAR ANTES DE SER ENTENDIDA."

T. S. ELIOT

Porque em muitos sentidos a poesia é um meio muito importante de expressar a intimidade e a sensualidade.
Mas a verdadeira beleza da poesia está no fato de você não ter de ser poeta para escrevê-la.

E todos nós temos o dom da poesia.

Versos curtos.

Pensamentos longos.

Sem nenhuma necessidade de rimar ou mesmo de fazer sentido. Simplesmente a expressão dos sentimentos, que pode ir de um verso a muitas páginas.

Talvez você esteja se perguntando: "E o que a poesia tem a ver com sexo?".

A resposta é: tem tudo a ver.

Porque, pela poesia, você permite que sua natureza sensual íntima se expresse e seja ouvida.

Dizendo aquilo que você não conseguiria dizer pelos meios comuns.

Escrever um poema é deixar que os pensamentos fluam ao acaso.

Pensando na pessoa a quem você quer expressar seu amor, escreva a primeira coisa que lhe vier à mente.

E não pare de escrever.

Tudo o que você tem de lembrar-se é de fazer frases curtas.

Se lhe parecer sem sentido, não se preocupe.

Alguns dos mais belos poemas que já foram escritos são sem sentido.

Deixe que seus sentimentos para com a pessoa amada fluam da mente para o papel.

Você acabará concluindo-os, assim como começou.

O resultado final pode surpreendê-lo, como surpreenderá a pessoa amada.

Na verdade, um dos modos mais inspiradores de se escrever poesia é juntos.

Sentados no cantinho do amor, cada um pega uma folha de papel e uma caneta e começa a expressar suas emoções.

Dando-se não mais do que dez ou quinze minutos.

A poesia é, acima de tudo, algo espontâneo.

Quando tiverem terminado, leiam seus poemas um para o outro.

Recitem com afeto e ternura.

Recitem olhando um nos olhos do outro.
Enquanto os lêem, observem o reflexo da sensibilidade.
Além disso, estejam atentos a quaisquer mudanças emocionais que possam estar ocorrendo em ambos.
Como a poesia vem diretamente do coração, ela é uma das dádivas mais preciosas que se pode dar à pessoa amada.

"O AMOR É A POESIA DOS SENTIDOS."

HONORÉ DE BALZAC

EU TE AMO

Três palavrinhas.
O que significam realmente?
A revelação de um sentimento?
A expressão máxima da verdade?
Ou, quem sabe, a projeção de uma necessidade?
Em um relacionamento profundo, o amor sempre está presente. Como ele é manifesto, é outra questão.
Quando estamos com a pessoa amada, experimentamos a sensação de prazer intenso, de segurança e de bem-estar.

Uma força toma conta do corpo e uma sensação de euforia encobre a mente.
Pode-se chamar isso de sentimento de amor.
Mas não necessariamente de amor exterior.
É também amor interior.
Porque o amor é uma experiência individual e, por isso, tem de permanecer como tal.
A confissão a outra pessoa de que você a ama pode não expressar o que você realmente está sentindo. Também não é necessariamente amor o que a outra pessoa está sentindo.
Em essência, dizer "Eu te amo" impõe uma obrigação à outra pessoa. Em outros contextos, pode ser apenas uma saída fácil para uma situação difícil. Pode ser esse o caso, independentemente de a outra pessoa corresponder ao sentimento.
O que você está realmente dizendo nesse contexto é que, quando está com a pessoa amada, e também quando não está, você sente muito amor dentro de si mesmo.

"Um grama de amor equivale a um quilo de conhecimento."

John Wesley

Pois isso é verdade.
O sentimento de amor e a transmissão desse sentimento.
Quão profundos são seus sentimentos quando você está com a pessoa amada? Quão verdadeiro é o seu amor?
Sentem-se um diante do outro, olhando-se nos olhos.
Enquanto um fala, o outro ouve. Quando um está falando, o outro fica com os olhos fixos nele, sem dizer nada. O que cada um de vocês vai dizer ao outro é tudo aquilo que aprecia no outro.
Para que esse exercício alcance seu verdadeiro propósito, vocês têm de ser absolutamente honestos um com o outro.

Digam o que lhes vier à mente, por mais banal que possa parecer. Esse exercício vai além do apresentado no capítulo "A alquimia da honestidade", porque libera seus sentimentos em relação à paixão e à intimidade.

Para o homem: você pode apreciar as sardas dela, seu nariz, seu modo de preparar lasanha, seu modo de calçar meias, de lamber suas orelhas, sua imaginação, seu humor etc.

Para a mulher: você pode amar o sorriso dele, seus dentes, seu modo de cozinhar lasanha, suas cuecas, sua escolha de camisas, seu modo de acariciar suas costas, seu humor, sua espontaneidade...

Como vocês mesmos descobrirão, o amor que cada um expressa pelo outro manifesta o que cada um sente por si mesmo.

O amor é a energia mais poderosa da vida. Quando você está em intimidade com seu amor, é essa energia que estabelece o vínculo entre vocês.

A energia que permite que o "Eu te amo" deixe de ser uma frase de efeito.

Porque a expressão dos sentimentos de amor entre duas pessoas é o nível máximo de unidade.

Então — quando cada um sente seu amor por meio da força que os une —, será a hora certa de um olhar nos olhos do outro e sussurrar: "Eu te amo".

E isso é algo que permeia tudo.

Algo divino.

É a verdadeira manifestação do amor.

PARA SUPERAR A DOR DE CABEÇA

Uma das barreiras que nos impede de estarmos em intimidade é a falta do ambiente perfeito.
Ou da disposição perfeita.
Ou do parceiro perfeito.
Por isso, compensamos bolando a perfeita racionalização.
"Estou com dor de cabeça."
"Não estou me sentindo bem."
"Estou com dor nas costas."
"Estou cansado."
Uma infinidade de excusas.
Objeções que provêm do medo.
E que contribuem para a falta de motivação.
Que acaba resultando em negação.

"QUANDO A CABEÇA DÓI, O CORPO
TODO ENTRA EM DESEQUILÍBRIO."
CERVANTES

O que você está negando é o melhor meio de sanar todos esses problemas.
O sexo é tão regenerador quanto relaxante.

"A INDISPOSIÇÃO É
A MORTE DO AMOR."
MARLENE DIETRICH

Se você estiver se sentindo letárgico, o sexo renovará sua energia.

Se está sofrendo de insônia, ele vai ajudá-lo a dormir.

Se está se sentindo voraz, ele saciará sua fome.

E como você já leu neste livro, o sexo não tem de ser físico. Pois estar com o outro é tudo o que você precisa para experimentar a intimidade.

Mesmo assim, parece que estamos sempre erguendo barreiras em nossa busca de intimidade.

Barreiras que são muitas vezes tão bem ocultadas que só aparecem quando somos colocados diante de algo novo, algo fora do comum ou fora do plano de nossas experiências.

E essas barreiras só existem devido à falta de comunicação e de honestidade entre as pessoas.

Começar a confessar seus medos e apreensões com respeito à intimidade é o primeiro passo para a sua dissipação.

Você descobrirá que as barreiras que colocou para evitar a intimidade estão baseadas em experiências passadas.

Se for esse o seu caso, você precisa lembrar-se que o sexo, assim como a vida, tem de ser experienciado no presente.

O passado não existe mais e o futuro ainda está por acontecer.

É esse momento, entre o passado e o futuro, que é conhecido como eternidade.

E eternidade é onde você está neste exato momento.

Um lugar no qual nenhuma barreira é intransponível.

Se você enfrentar o momento presente com uma atitude positiva, as barreiras serão coisas do passado.

E também as dores de cabeça.

"A ANSIEDADE É A MAIOR ASSASSINA DO AMOR, PORQUE É COMO O ESTRANHO INSTRUMENTO DE AFOGAMENTO."

ANAIS NIN

Sob pressão

O que esperamos um do outro é um aspecto interessante dos relacionamentos.

Queremos de nosso parceiro não apenas que seja nosso amante, mas também nosso confidente, nutridor, companheiro, amigo, provedor e alma gêmea.

Nossas expectativas vão além do que queremos de nosso parceiro. A ponto de anteciparmos o que ele sente, faz ou entende.

Em relação aos nossos sentimentos, todos nós temos métodos diferentes de transmitir nossas expectativas. Mas pressupor ingenua-

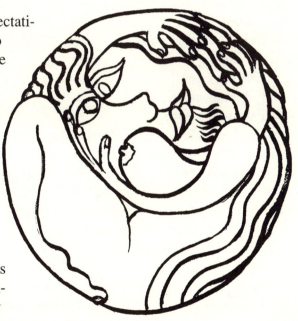

mente como o outro vai responder é ignorar a própria individualidade.

Ter grandes expectativas é algo que comumente resulta da falta de comunicação, o que pode enfraquecer muitos relacionamentos amorosos, sob a pressão dos desejos não satisfeitos.

"Quando uma linda mulher entrega-se a aventuras
E descobre tarde demais que os homens traem,
Que feitiço pode curar sua melancolia?
Que arte pode livrá-la da culpa?"

Oliver Goldsmith

Essa pressão é nossa carência fora de controle.

E, em nossa busca de gratificação, inconscientemente ou de forma não intencional, nossas expectativas manifestam-se como exigências.

Exigências que colocamos sobre nossos parceiros e sobre nós mesmos.

Exigimos conforto.

Exigimos amor.

Exigimos atenção.

Essa busca leva, invariavelmente, a conflitos, uma vez que grande parte da pressão tem origem em nosso próprio egoísmo.

Achamos que para satisfazer nossas necessidades temos de buscar satisfação a qualquer custo. Isso pode envolver muitos níveis, que vão desde a pressão para o desempenho até a pressão para fazer coisas contra a própria vontade.

Ao satisfazer uma exigência, você está criando um precedente.

Ao ter uma exigência satisfeita, você teve uma falsa vitória.

Isso quer dizer que, para manter a paz, juntos ou individualmente, você decidiu fazer um compromisso com a situação ou ser alguém que você não é.

Nenhuma dessas saídas funciona, uma vez que exigem que você abra mão de si mesmo.

Quando uma pessoa cede a uma exigência de outra, ambas estão se enganando.

A pressão também pode ser exercida sob a forma de possessividade e ciúme. Sentimentos que se manifestam em nós quando desconfiamos ou invejamos o outro. Quando o vemos fazer algo que não conseguimos, quando ele nos deixa fora de parte de sua vida, ou quando o vemos conversando ou flertando com outra pessoa.

O ciúme é a mais destrutiva de todas as emoções, uma vez que comumente leva a atitudes irracionais. Não apenas enlouquecemos, mas também queremos nos vingar.

Nos vingar do quê?

O ciúme não é responsabilidade da outra pessoa, mas sua.

O ciúme, assim como a carência, a expectativa e todas as outras projeções que criamos em nossos relacionamentos, é produto do ego. É o ego que impede a maioria das pessoas de ser realmente feliz.

Eliminando o ego, você pode eliminar qualquer necessidade de exercer pressão.

"Expresse-se com sinceridade,

Abrace a simplicidade.

Reduza o egoísmo,

Tenha poucos desejos."

Lao-Tsé

Permanecendo centrado e amável, você descobrirá que a vida tem uma teia e um fluxo próprios.

Que não há necessidade de exigir o que você acha que precisa.

Especialmente do seu par.

As soluções são encontradas pela comunicação recíproca das necessidades reais de cada um.

E em qualquer relacionamento afetivo de entendimento mútuo, a maioria das necessidades, carências e desejos é facilmente satisfeita.

E quando se trata de expressar sensualidade e intimidade, a verdadeira excitação vem do esperar o inesperado.

Deixar que você e seu parceiro sejam o que são e, com isso, eliminar a possibilidade de decepções, rejeições e mágoas.

Se não há expectativas, não se fazem exigências.

As coisas acontecem ou não acontecem.

E se tiverem de acontecer, tudo o que você deseja virá para a sua vida sem necessidade de buscá-lo.

Se as coisas tiverem de acontecer, elas acontecerão.

Dê-se a si mesmo e os outros te darão.

"Permita que haja espaços na sua vida a dois."

Kahlil Gibran

APAGAR AS LUZES

Ver ou não ver.
Olhar ou não olhar.
Nós somos um mundo visual.
Observamos, analisamos, examinamos e formamos opiniões sobre o que nossos olhos vêem.
Entretanto, o que vemos nem sempre é verdade. Pois quando utilizamos todos os sentidos, a visão é apenas uma pequena parte.

"Quando a luz é acesa
A escuridão desaparece...
A escuridão absolutamente não existe,
É apenas a ausência de luz."

Osho Rajneesh

E mesmo assim uma parte muito intangível.
Pois, com a visão, temos apenas uma imagem sem nenhuma substância.
O tato, a audição, o olfato e o paladar dão dimensão.
Tendemos, com muita facilidade, a avaliar outra pessoa puramente a partir do aspecto visual.

Entretanto, ficar em intimidade, no escuro, só pode acontecer quando se fica à vontade no claro.

E não o contrário.

Se você sente necessidade de apagar a luz, porque está com medo de ver e de ser visto, então você precisa fazer o exercício "amar a si mesmo" já descrito neste livro.

Estar um com o outro no escuro ou, melhor ainda, ambos com os olhos vendados pode intensificar a experiência erótica por aguçar todos os outros sentidos.

Pois quando vocês se tocarem, se acariciarem e se abraçarem, a natureza sensual do encontro terá um novo toque de excitação.

O som produzido pela respiração do outro.

O cheiro de sua pele.

A essência de ambos.

A sensação nas mãos quando elas tocam e acariciam as partes cálidas e deliciosas do(a) parceiro(a).

A escuridão, por si só, ajuda a aumentar a intensidade e criar seu próprio tipo de energia.

Quanto maior for sua abertura e liberdade em relação à intimidade, mais prazerosa será a escuridão.

Porque, no escuro, vocês verão mais um do outro do que imaginaram ser possível.

Apagar a luz?

"A ESCURIDÃO É MAIS ESTIMULANTE
AOS PENSAMENTOS SUBLIMES
DO QUE A CLARIDADE."

EDMUND BURKE

O MOVIMENTO DA ENERGIA

Nas sociedades ocidentais, tendemos a considerar o próprio corpo e o próprio ser em termos puramente físicos e mentais. Mas da perspectiva das filosofias orientais, nós não passamos de camadas interconectadas de energia. Essa energia não apenas circula por todo o corpo físico, mas também em volta dele, em forma de aura ou campo energético.

"VIDA GERA VIDA. ENERGIA PRODUZ ENERGIA. É GASTANDO DE SI MESMO QUE A PESSOA ENRIQUECE."

SARAH BERNHARDT

Um exemplo prático de como geramos energia é muito bem demonstrado quando tomamos consciência de sentimenos instintivos como a intuição e a premonição. Observe como seu humor se altera quando uma pessoa entra no seu espaço, quer tenha sido convidada quer não.

Seus músculos ficam tensos ou relaxam?
Você sente uma pontada de ansiedade na boca do estômago?
Tende a mudar de cor ou a transpirar?

Tais sensações não passam de transferências e de interações de energias.

É essa energia que tem a ver com o nosso ritmo interno.
Nosso batimento cardíaco.
Nossa pulsação.
A vibração contínua que ressoa por todo o nosso corpo a cada segundo, minuto, hora, dia, semana, mês e ano de nossas vidas.
Cada um de nós tem um ritmo próprio, que cria seu próprio campo energético.
É a existência dessa substância que faz do indivíduo em nosso interior um ser humano especial.
Quando falamos em individualidade, temos de entender que significa que cada pessoa que vive neste planeta tem uma cara própria.
Uma impressão digital própria.
Um tom de voz próprio.
Quando você atende ao telefone e ouve uma voz familiar do outro lado da linha, você sabe quem é sem ver seu rosto.

Exatamente como quando você ouve uma canção interpretada por Phil Collins, Bob Dylan ou Barbra Streisand. Sabemos quem cada um deles é pela singularidade do tom de suas vozes. Mas o que é voz? Não se pode vê-la nem tocá-la. Pode-se apenas ouvi-la e senti-la. Isso porque a voz não passa de vibração de energia. O mesmo são nossas emoções. E nossos sentimentos.

Vivemos num mundo baseado na identidade visual, embora existam muitos outros aspectos que formam a totalidade do que somos como pessoas.

Quando nos entrelaçamos um ao outro no ato sexual, o que estamos criando é energia pura.

A energia que resulta do encontro de duas pessoas.

"PORQUE A PAIXÃO, QUANDO

ATINGE SEU PONTO MÁXIMO, SALTA,

DE PONTA-CABEÇA, PARA O ABISMO,

MAS ALI CONSEGUE RETIRAR

FORÇAS DAS PROFUNDEZAS,

MOVENDO-SE EM CÍRCULOS POR UM MOMENTO,

DANDO VOLTAS E MAIS VOLTAS,

ATÉ O PERIGO TRANSFORMAR-SE EM ÊXTASE."

HARRIET L. CHILDE-PEMBERTON

É essa conexão que cria novos campos energéticos que, na realidade, são elétricos e maiores, apesar de diferentes, do que a soma de suas partes.

Da próxima vez que você estiver com a pessoa amada, preste atenção em como se sente na sua presença.

A simples presença dela o(a) deixa excitado(a)?

Você se sente frágil ou forte?
Desejado(a) ou rejeitado(a)?
Conectado(a)?

O segredo de todos os relacionamentos felizes está no modo de as pessoas interagirem energeticamente.

Quando as pessoas se entregam à intensidade da fusão, elas se perdem num plano etéreo, conectadas por uma força que transcende a física. Permitindo-se fundir em uma única entidade, elas criam uma seqüência de pulsações que se transformam numa nova batida.

E você descobrirá que não há necessidade de contato físico.

Que vocês conseguem conectar-se pelo olhar num espaço apinhado de pessoas.

Que vocês estão sempre juntos, mesmo quando se encontram a milhas de distância.

É para essa atmosfera de espiritualidade que as outras pessoas ao seu redor se sentirão atraídas.

Vocês perceberão os efeitos positivos e duradouros que a irradiação causada pelo encontro de suas energias terá sobre os outros.

A percepção de vocês é e está cercada por uma totalidade intangível, porém real. A descoberta de uma satisfação infinita, que é possível em todos os níveis.

Simplesmente porque temos acesso a uma fonte de poder interior que transcende o ato físico e dá ao sexo um novo significado.

Quanto mais intensa for a conexão energética, maior será o êxtase da experiência.

É esse o verdadeiro caráter que integra e distingue o sexo além do intercurso.

"O SEXO É UMA DAS NOVE RAZÕES
PELAS QUAIS REENCARNAMOS.
AS OUTRAS OITO NÃO SÃO IMPORTANTES."
HENRY MILLER

EJACULAÇÃO...

... como algo diferente do orgasmo.
Como a ejaculação ocorre com muita rapidez, na verdade ela não permite a ocorrência de um orgasmo envolvendo todo o corpo.
Por isso, a ejaculação não deve ser considerada como orgasmo.
Os antigos filósofos chineses, considerados sábios nesses assuntos, descreveram a ejaculação como "espalhar sementes no solo". Essa descrição tem algo de verdadeiro.
Eles diziam, também, que reter a ejaculação permite que a pessoa retenha sua energia sexual, o que aumentaria sua vitalidade e vibração.
Isso também é verdade.
Outra preocupação particular aos homens é com o tamanho do pênis. Como a maioria das mulheres não dá importância ao tamanho do pênis, não há motivo para que eles se preocupem tanto.

"IR PARA A CAMA COMO UMA OVELHA

E SAIR DELA COMO UMA COTOVIA."

PROVÉRBIO INGLÊS

A verdade é que quando a questão é fazer amor, o tamanho do pênis é de pouca importância.

Como já vimos, o homem nem precisa usar o pênis para fazer amor.

Além disso, ele não apenas pode ter orgasmo sem ejacular, mas também alcançar o orgasmo sem nem mesmo ter ereção.

No desejo de prolongar a transa sexual, é importante notar que o orgasmo da mulher é de responsabilidade dela mesma. O retardamento da ejaculação pode ser um fator que ajuda a prolongar a experiência da mulher, mas seu principal objetivo é intensificar antes o prazer do próprio homem do que o da mulher.

Portanto, para que o homem tenha um orgasmo mais satisfatório, ele deve explorar o prazer resultante do ato de reter a ejaculação.

É natural que, não havendo penetração, é mais fácil reter a ejaculação, mas mesmo assim ela pode acontecer a qualquer momento da transa.

O melhor meio de evitar a ejaculação, quando você sente sua premência, é parar de fazer o que está fazendo e começar a respirar profundamente, inspirando e expirando por meio do músculo PC.

Não tenha receio de comunicar isso à sua parceira. (Para a mulher: quando seu parceiro lhe disser para esperar, respeite sua vontade, porque assim você estará não apenas participando do momento, mas também intensificando-o.)

Enquanto você se acalma, lembre-se de continuar respirando e de concentrar-se nos genitais, até a premência passar. Ao mesmo tempo, você vai sentir a presença de uma onda quente na região. É o movimento sutil de energia e o primeiro estágio de um orgasmo por todo o corpo.

Quanto mais vezes você parar para deixar passar a necessidade de ejacular, mais intensas e profundas serão suas sensações orgásmicas.

Você pode começar a sentir uma vibração por todo o corpo. Procure não reprimi-la. Em vez disso, sempre que exalar, relaxe o corpo. A vibração simplesmente acontece, criando uma sensação extraordinária.

Com um pouco de prática, você perceberá que a necessidade de ejacular torna-se menos freqüente à medida que sua conexão com a pessoa amada se aprofunda. Você também descobrirá um prazer mais intenso em sua intimidade, uma vez que a ejaculação deixa de ser o fim de tudo.

Não que você tenha de obrigar-se a eliminar totalmente a ejaculação. De vez em quando, você pode querer abandonar-se. Quando isso acontecer, o que vem a seguir é literalmente uma explosão, e você vai descobrir que tem mais controle sobre quando e como ejacular.

A intensificação da energia sexual, que resulta da não-ejaculação, não apenas intensificará seu prazer em geral, mas também o deixará, como homem, mais consciente de seu potencial orgásmico.

E do dela.

ORGASMO: SURFANDO A ONDA

Ó, sim.
Sim!
SIM!
O orgasmo é uma das maiores afirmações da vida.

É o estado de entrega em que todo o seu ser torna-se totalmente etéreo.

É quando o tempo pára.

Os franceses o chamam *le petit mort* (a pequena morte), porque em muitos sentidos é o que acontece quando se está em orgasmo.

Você está no corpo, mas também fora dele.

Na verdade, você é mais do que seu corpo.

Você é pura energia.

Puro êxtase.

O orgasmo não precisa ser localizado, mas pode envolver todo o seu corpo.

O orgasmo pode ocorrer a qualquer momento, não apenas durante a penetração.

Ele pode ocorrer quando vocês estão se acariciando.

Ou se massageando.

Ou se beijando.

Ou simplesmente sentados, se olhando.

Quanto mais você estiver sintonizado consigo mesmo e com o outro, maior será seu potencial orgásmico.

E isso vale tanto para os homens quanto para as mulheres.

Uma das maravilhas do sexo além da penetração é que ele retira do homem a pressão para desempenhar.

O orgasmo é como surfar uma onda.

Ele acontece com a mudança sutil de energia.

Como ondulações pelo corpo.

Comece a respirar e levar o ar até essas sensações, comumente situadas na região dos genitais e do baixo-ventre. Inspire por meio do músculo PC para a respiração fundir-se com a sensação orgásmica.

Para o homem, isso não apenas o ajudará a controlar sua ejaculação, mas também lhe possibilitará sentir o orgasmo por todo o corpo.

Durante esse processo, você tem de relaxar para permitir que a energia se mova.

O que ela fará.

Tudo o que você tem de fazer é confiar no seu eu superior.

Se confiar nele, você perceberá que seu corpo assume o controle. Sua respiração acelerará e sua mente se esvaziará.

Quanto mais você deixar a sensação fluir, mais intensa ela será.

Simplesmente entregue-se ao que está acontecendo.

E continue respirando.

Preste atenção ao que está acontecendo no interior do seu corpo, sem tentar controlar.

Se estiver abraçando a outra pessoa, você logo perceberá que suas energias estão se fundindo.

Vocês se sentirão um parte do outro.

Um dentro do outro.

Você estarão dentro de um círculo de conexão invisível. Um campo energético que os une.

E, assim, vocês se fundem num único ser.

Numa fantástica harmonia.

Num estado de abandono que pode durar cinco minutos ou, se vocês quiserem, quase infinitamente.

Não resistam a ele.

O êxtase lhes faz bem.

A RELAÇÃO SEXUAL...
E ALÉM...

Talvez pareça que a sugestão implícita neste livro seja a de evitar a penetração.
Longe disso.
O que este livro pretende ressaltar é o fato de que a relação sexual, por si só, não constitui a totalidade do sexo.
A penetração tem sido discutida pela maioria das pessoas, por considerá-la uma espécie de foco sexual.
Mas não é.

"ESTAR LIVRE DO DESEJO DE DAR
UMA RESPOSTA É ESSENCIAL PARA
O ENTENDIMENTO DO PROBLEMA."

J. KRISHNAMURTI

Como você já deve ter constatado, existe uma incrível variedade de escolhas quando se trata de explorar e experimentar a sexualidade, e a penetração é apenas uma delas. Apesar de ser um aspecto de certa importância.

Se o que vocês estão fazendo os leva a desejar a penetração genital, deixem que ela aconteça com o mesmo espírito de conexão do restante da transa, sem forçar nada.

Com relação à penetração, conjectura-se muito sobre qual é a melhor posição. Não faltam livros que expõem em detalhes os diferentes modos de o homem inserir seu pênis na vagina de sua amada. De acordo com o *Kamasutra*, existem sessenta e quatro modos... e mais alguns. Entretanto, a maioria dos amantes abertos para a sua sexualidade tende a descobrir quais são as posições que lhes são mais confortáveis, sem precisarem da ajuda de manuais. Parece que atualmente se dá importância demais às variações acrobáticas necessárias para se obter satisfação sexual.

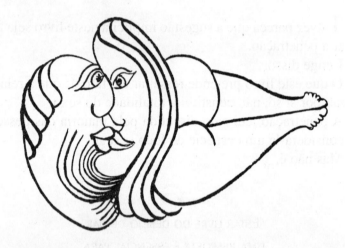

Para que vocês mantenham a conexão energética e espiritual, as posições mais satisfatórias são em geral: um diante do outro (com um por cima), sentados (com a mulher por cima) e deitados lado a lado. Nessas posições, vocês poderão sincronizar a respiração, beijar-se e acariciar-se enquanto olham-se nos olhos, todos componentes do ato de fazer amor.

Deixem seus corpos se unirem. Tornem-se um só, não apenas fisicamente, mas também pela fusão das energias de ambos. Porque durante o orgasmo, não importa a posição, você e seu parceiro se tornam um único ser, fundido pelo êxtase mútuo. Como já vimos, o elemento crucial para o prolongamento do ato é o homem reter a ejaculação.

Se sua premência de ejacular for demasiadamente forte, ele deve abandonar-se. Ele não precisa retê-la quando a premência torna-se insuportável. Ele pode ter seu orgasmo e, na devida hora, descobrirá o prazer de sentir a energia orgásmica percorrer todo o seu corpo. Isso vale tanto para o homem quanto para a mulher.

Com um pouco de prática, o homem perceberá que a necessidade de ejacular começa a ceder, mas a imobilidade resultante começa a gerar outra energia, conhecida como "planície orgásmica" (*valley orgasm*), causada mais pela imobilidade do que pela atividade.

O "orgasmo plano" começa com uma onda de prazer percorrendo o corpo de ambos quando ele começa a vibrar. Quando isso acontecer, continuem respirando simultânea ou alternadamente (como no exercício de respiração circular descrito no capítulo "O sopro de vida"). Enquanto um inspira, o outro expira. O homem inspira o ar por intermédio do coração e expira pelo pênis, enquanto a mulher inspira pela vagina e expira pelo coração. Uma vez dominado esse modo de respirar juntos, ele pode levar ambos ao nível mais alto de prazer.

Enquanto entregam-se à união, lembrem-se de permanecer presentes no aqui e agora, mantendo os olhos abertos, uma vez que com eles fechados vocês se afastam do presente. Para algumas pessoas, abrir os olhos durante a relação pode exigir um pouco de esforço. No entanto, começando com alguns segundos de cada vez, aos poucos se acostumam naturalmente a ficar de olhos abertos. Isso lhes possibilitará olhar um para o outro e lhes dará uma perspectiva mais profunda e muito mais amorosa ao verem as alterações que ocorrem no semblante um do outro, o amor que seus olhos irradiam como parte do êxtase.

A penetração é mais do que "meter e estocar". Vocês podem fazer várias coisas descritas neste livro, como beijar, acariciar, morder, arranhar, lamber, sussurrar, gritar ou qualquer outra coisa.

Vocês talvez queiram uma transa delicada e sensual, deixando que ela flua languidamente como um rio.

Independentemente de como a transa acontece, vocês chegam ao ponto em que são levados por uma onda de êxtase orgásmico de alta voltagem.

Quando isso acontece, entreguem-se a ela, uma vez que, para prolongar a transa, vocês precisam estar no próprio corpo, bem como no do outro.

O resultado final do amor não é o sexo.

É a meditação.

E quando o sexo, especialmente a penetração, passa para um nível meditativo, ele torna-se uma experiência de êxtase.

... E MAIS ALÉM

Talvez você esteja com esta pergunta atravessada na mente: "E o sexo oral é sexo além da penetração?".
A resposta é sim.
Dito isso, o sexo oral é uma prática considerada por muitos como o tabu máximo, porque os fluidos que escorrem durante o sexo oral se confundem com os secretados durante a eliminação. Como tal, o sexo oral é visto indevidamente como algo sujo. Tal suposição é basicamente incorreta, desde que os amantes tenham tomado banho antes de iniciar a transa.
À medida que o relacionamento entre vocês dois se expande, vocês podem descobrir que muitos exercícios deste livro os levam a beijar, acariciar e lamber os genitais um do outro.
Dessa perspectiva, provar e saborear as essências vitais um do outro é intimidade no mais alto grau de profundidade.
O contato da boca com os genitais torna-se uma das expressões mais profundas do amor.

O que faz do sexo oral uma experiência de êxtase é o fato de ele; em certo sentido, nos levar de volta aos primeiros anos, e até à hora de nosso nascimento.

Para o homem, o ato de chupar a mulher é, simbolicamente, uma volta ao útero. Para a mulher, é regredir ao papel de ser amamentada.

A chave para o sexo oral é a comunicação, um tratando o outro com respeito e colocando seus próprios limites. Mas mesmo assim, obter o máximo do sexo oral envolve um certo grau de risco.

"SOU UM VERDADEIRO ADORADOR DA VIDA.

E SE NÃO CONSIGO ALCANÇAR A FACE DELA

PLANTO MEU BEIJO EM ALGUM LUGAR MAIS EMBAIXO."

SAUL BELLOW

Quanto mais você se arrisca, melhor é a experiência.

Porque o sexo oral descortina um mundo inteiro de possibilidades de êxtase.

Quanto mais fundo você vai, mais você descobre.

Por isso, o sexo oral é a maior prova da confiança que um tem pelo outro.

"SOLTO MEUS CABELOS SEDOSOS

SOBRE OS OMBROS

E ABRO AS PERNAS PARA O MEU AMANTE.

'DIGA-ME: HÁ ALGUMA PARTE EM MIM

QUE NÃO SEJA MERECEDORA DE AMOR?"

TZU YEH

FAZER DO SEXO UMA BRINCADEIRA DIVERTIDA

Nos últimos tempos, muitos aspectos de nossa sexualidade tornaram-se mortalmente sérios.

Há o espectro da AIDS e de várias outras doenças relacionadas com o sexo.

Existe da parte de cada parceiro a preocupação com o desempenho, a intimidade e a obtenção de satisfação máxima.

Existe o problema de a pessoa ter de lidar com sua solidão.

Surgem no interior de muitos de nós culpa e vergonha, quando nosso sistema de crenças é desafiado, invadido ou questionado.

"TER MEDO DO AMOR É TER MEDO DA VIDA
E QUEM TEME A VIDA JÁ TEM TRÊS PARTES MORTAS...
VENCER O MEDO É O COMEÇO DA SABEDORIA."

BERTRAND RUSSELL

Existe o medo de enfrentar os problemas e procurar soluções.

Com tudo isso acontecendo, não é de surpreender que, para muitos, o verdadeiro prazer tenha deixado de ser o sexo?

Porque aquilo que você acreditava obter do sexo é realmente difícil de alcançar.

E, para você, o sexo não envolve nenhuma intimidade.

São esses os motivos que o levaram a ler este livro?

A essa altura, você já sabe um bocado sobre intimidade, sensualidade e a relação que elas têm com seu modo de ser um ser sexual.

Mas, se existe uma coisa que quero defender com respeito ao sexo, é que ele tem de ser acima de tudo divertido.

Com divertido quero dizer tratar o sexo com uma atitude de leveza.

Ver o sexo com a atitude feliz, jocosa e exuberante que ele merece.

Todos os exercícios e sugestões contidos neste livro devem ser feitos com ludicidade. É verdade que existem momentos de tristeza, raiva e explosão, mas esses devem ser compensados por outros de risos e brincadeiras.

Comece fazendo seu parceiro rir.

Faça cócegas nele.

Lamba-o nas partes em que ele é sensível.

Morda-o nas partes vulneráveis.

Se, no calor da paixão, vocês sentirem vontade de rir...

Riam.

Contem uma piada.
Divirtam-se com ela.
Essa atitude não vai prejudicar o desempenho.
Mais provavelmente, romperá algumas barreiras.
Divertir-se durante o sexo é prova de que duas pessoas juntas são mais do que amantes.
São amigos.
E amigos brincam juntos.
Porque brincar é divertido.
Essa é a verdadeira essência *dessa coisa chamada sexo*.

"O DESEJO DE DIVERTIR-SE
É NOVE DÉCIMOS DA LEI
DO CAVALHEIRISMO."
DOROTHY L. SAYERS

LEITURAS AFINS

A essa altura, você deve estar pensando em outros livros sobre o assunto.

Para aqueles que têm prateleiras abarrotadas de livros sobre ou relacionados com a sexualidade, há muito poucos que eu recomendaria. Não por não valerem a pena, mas porque serviriam apenas para confundir.

"EXISTEM DOIS MOTIVOS PARA SE LER UM LIVRO:
O PRIMEIRO É VOCÊ GOSTAR DELE, E O SEGUNDO
É VOCÊ PODER JACTAR-SE POR TÊ-LO LIDO."

BERTRAND RUSSELL

Como já mencionamos, muitos livros sobre sexo tratam de aspectos físicos, sem entrar na intimidade. Na verdade, a palavra "intimidade" raramente é mencionada nos livros mais convencionais sobre sexualidade.

Como minha abordagem da sexualidade é um tanto quanto espiritual, sugiro que aqueles entre vocês que são curiosos o bastante para quererem mergulhar um pouco mais fundo procurem livros que tratem o assunto dessa perspectiva.

Entre os melhores, existem os seis seguintes:

- *The art of sexual ecstasy*, Margot Anand (The Aquarian Press)
- *Sexual secrets*, Nik Douglas e Penny Slinger (Destiny Books)
- *Sacred sexuality*, Georg Feuerstein (Tarcher/Perigee)
- *Passions of innocence*, Stuart Sovatsky (Destiny Books)
- *The encyclopedia of erotic wisdom*, Rufus C. Camphausen (Inner Traditions International)
- *The end of sex*, George Leonard (Bantam Books)

Boa leitura!

MÚSICA:
O ALIMENTO DO AMOR

O que faz com que a música seja o alimento do amor pode muito bem ser o ato de ouvi-la. Ou, no contexto de *Essa coisa chamada sexo*, não ouvi-la.

Se ouvir música faz parte de suas transas sexuais, você deve tomar cuidado para que as músicas ouvidas intensifiquem o clima e não o excedam.

Lembro-me de uma estação de rádio que incentivava seus ouvintes a telefonarem pedindo para tocar as músicas de sua preferência. As sugestões iam de sublimes a ultrajantes.

Se você gosta de fazer amor ouvindo Pearl Jam ou Pavarotti, a escolha da música certa é totalmente subjetiva.

Talvez você perceba que determinada trilha sonora, especialmente uma de sua preferência, tem a capacidade de levá-lo para longe de onde está. Nesse caso, o *rock* pesado, a ópera, a música eletrônica ou a *country* tenderão a ser estranhos companheiros de cama.

O tipo de música que funciona melhor para uma situação de intimidade tem uma qualidade mais mística, quase hipnótica. Isso quer dizer que sua estrutura melódica adapta-se melhor ao clima do momento. Em outras palavras, não é o tipo de música que o estimulará a cantar junto.

"NA MÚSICA, AS PAIXÕES SE REGOZIJAM...
SEM MÚSICA, A VIDA SERIA UM EQUÍVOCO."
FRIEDRICH NIETZSCHE

Existe uma variedade cada vez maior de música ambiental e espiritual, muitas delas de beleza extraordinária. A maioria das lojas de discos dispõe de uma grande variedade e deixa você ouvi-las antes de comprar.

Segue uma lista de títulos. As músicas foram testadas e creditadas não só por experiências pessoais, mas também por solicitações feitas após *workshops*.

- *Spiritual Environment — Shamanic Dream*, Anugama (Nightingale)
- *Spiritual Environment — Tantra*, Anugama (Nightingale)
- *Excalibur*, Medwyn Goodall (New World)
- *Merlin*, Medwyn Goodall (New World)
- *Zen*, Terry Oldfield (New World)
- *1492 Conquest of Paradise*, Vangelis (EastWest)
- *MCMXC*, Enigma (Virgin)
- *The Cross of Changes*, Enigma (Virgin)
- *Atlantis Angelis*, Patric Bernhardt (Imagine)
- *Solaris Universalis*, Patric Bernhardt (Imagine)
- *Shamanyka*, Patrick Bernhardt (Imagine)
- *Beyond Recall*, Klaus Shulze (Venture)
- *The Mission*, Ennio Morricone (Virgin)
- *Passion*, Peter Gabriel (Real World)

- *Yamantaka*, Hart, Wolff e Nennings (Celestial Harmonies)

Nota: Terry Oldfield, Vangelis, Steve Halpern e Medwyn Goodall gravaram muitos títulos e vale a pena ouvir todos eles, bem como a maioria dos títulos com selo Nightingale.

O QUÊ...
NÃO TEM ÍNDICE?

Se você procurar nos índices dos livros sobre sexo, verá que palavras como *intimidade*, *sensualidade* e até mesmo *amor* raramente são mencionadas.
Isso não acontece neste livro. Essas palavras são mencionadas freqüentemente.
Portanto, se você estava querendo um índice com referências a todas as partes saborosas, esqueça.
Todo este livro é saboroso.
E o melhor meio de obter o máximo dele é começando desde o início.
Além disso, pelos títulos dos capítulos você chegará ao assunto que estiver procurando.
Desfrute!

"EXISTEM AQUELES HOMENS QUE FINGEM ENTENDER UM LIVRO PELO EXAME DE SEU ÍNDICE, COMO SE UM VIAJANTE FOSSE DESCREVER UM PALÁCIO QUANDO O QUE ELE VIU FOI APENAS A PRIVADA."

JONATHAN SWIFT

TUDO QUE VOCÊ SEMPRE QUIS SABER SOBRE O AUTOR, MAS TINHA RECEIO DE PERGUNTAR

Durante o tempo em que escrevi este livro, a pergunta mais comum que me faziam era se ele estava baseado em experiências pessoais.

A resposta é simplesmente "sim".

Se não fosse assim, eu não teria sido capaz de escrevê-lo.

Pela prática de dirigir *workshops* (ou "grupos de brincadeiras", como passei a chamá-los), eu cheguei ao entendimento de que é quase impossível entender os outros se não temos nós mesmos a experiência.

E, então, quais são as qualificações necessárias para que alguém escreva um livro sobre sexo?

A resposta a essa pergunta é nenhuma. Porque não existe nenhuma.

Um dos maiores psicoterapeutas dos Estados Unidos, James Hillman, expressou isso muito bem no título de um livro do qual ele é co-autor: *There's been a hundred years of psychotherapy and the world is getting worse* (Há um século que a psicoterapia existe e — desde então — o mundo só piorou).

Para aqueles que continuam querendo saber, sou autor de textos publicitários, como profissão, mas aos poucos fui me cansando daquele mundo unidimensional e abrindo o caminho para este, um pouco mais espiritualizado.

Para explorar a sexualidade, precisamos de intuição, entendimento e um alto nível de consciência.

Isso não quer dizer que eu não tenha estudado e praticado vários métodos, processos e disciplinas que me levaram à percepção que hoje tenho do sexo. Entre esses métodos estão a ioga, o tantra, a terapia respiratória, a meditação e a massagem.

Ocupo hoje meu tempo escrevendo e dirigindo grupos lúdicos de sexualidade e de relacionamentos. Também dirijo programas de treinamento em empresas e centros comunitários envolvendo meditação, criatividade e formação de equipes.

Se consegui tocar na essência do sexo, só o conteúdo deste livro poderá responder.

Como disse certa vez Duke Ellington: "Se soa bem, é bom".

Ian Oshlack

"Não existe psicologia;
Só existe biografia e autobiografia."
Thomas Szasz

Para continuar
pesquisando

Como você certamente já percebeu, o mais importante deste livro é a idéia de o sexo não ser um fim, mas um meio de expressar amor.

E o modo de se descobrir e saber mais sobre como desenvolver a sexualidade e redescobrir o amor não é lendo.

Mas praticando.

Por esse motivo, dirijo um extenso programa de atividades grupais com base nos preceitos apresentados neste livro. Prefiro chamar essas atividades de "grupos de brincadeiras" em vez de *workshops*.

O conceito de "grupo de brincadeiras" foi criado para evitar o caráter de confronto que prevalece em muitos *workshops*, que pretendem lidar com questões envolvendo relacionamentos e sexualidade. O "grupo de brincadeiras" não é ameaçador e se desenvolve num espaço lúdico, afetuoso e seguro.

"A CAPACIDADE DE PENSAR NOS SURPREENDE, MAS A DE SENTIR É IGUALMENTE ESPANTOSA."

VOLTAIRE

E o mais importante: as pessoas se encontram num clima de diversão.

Atuo regularmente como facilitador desse tipo de grupos na maioria das capitais australianas. Se você tiver interesse em receber mais informações, telefone, passe um fax ou escreva para o endereço abaixo:

Sex Beyond Intercourse, Box 6478, St Kilda Road, Melbourne, Victoria, Australia, 3004.

Telefone: (03) 9820-2991
Fax: (03) 9820-2997

"SE CONTINUARMOS NOS EXPLICANDO,
DEIXAREMOS DE NOS ENTENDER."

TALLEYRAND

Leia também

A DEUSA NO ESCRITÓRIO
Um guia mágico para cuidar da mulher no trabalho
Zsuzsanna E. Budapest

Este livro é dirigido às mulheres que passam a maior parte do dia em seu local de trabalho e gostariam de melhorar a qualidade de seu cotidiano. Algumas sugestões são simples, outras têm origem na magia milenar que a autora – feiticeira, herbalista e feminista – domina com muito talento. Original, espirituoso e excêntrico, é uma simpática sugestão para presentear mulheres que trabalham.

LADOS OPOSTOS DA CAMA
Respostas para quem busca entender as diferenças entre homens e mulheres
Cris Evatt

Este é um livro gostoso de ler e que, apesar de seu jeito informal, é incrivelmente sábio. Com texto conciso, dividido em tópicos inimagináveis, em poucas páginas, nos permite desvendar mistérios que nos atormentaram durante anos. John Gray, o autor do best-seller *Homens são de Marte, Mulheres são de Vênus*, faz a apresentação e o recomenda em seus *workshops*.

LOBAS E GRÁVIDAS
Guia prático de preparação para o parto da mulher selvagem
Lívia Penna Firme Rodrigues

As lobas, do título, é uma menção ao famoso *best seller Mulheres que correm com os lobos*, que inspirou a autora. E a mulher selvagem, do subtítulo, refere-se à capacidade intuitiva de toda mulher para saber agir naturalmente com relação à gravidez, ao parto e aos cuidados com o bebê. O livro traz orientação completa para que a gestante tenha uma boa gravidez e um parto natural. Inclui uma série de ilustrações muito claras dos exercícios adequados ao longo da gravidez.

MASSAGEM – A TERAPIA DOS DEUSES
Elementos de massoterapia
René Marcos Orsi

Este é o primeiro texto brasileiro que mostra os fundamentos da massagem e suas variadas aplicações na vida moderna. Ilustrado com numerosas fotos e desenhos, o livro trata da massagem visando a prevenção de problemas físicos e emocionais e, por fim, da massagem erótica. Um livro de ampla aplicação.

O CAMINHO QUÁDRUPLO
Trilhando os caminhos do guerreiro, do mestre, do curador e do visionário
Angeles Arrien

A principal característica do trabalho dessa antropóloga americana é estabelecer uma ponte cultural entre a antropologia, a psicologia e a religião através das tradições xamânicas. Com estilo e linguagem de um prático manual, ela mostra como a sabedoria dos povos indígenas continua sendo importante para nossa vida em família, em nosso trabalho e em nosso contato com a Terra. Com ilustrações.

Impresso pelo Depto Gráfico do
CENTRO DE ESTUDOS
VIDA E CONSCIÊNCIA EDITORA LTDA
R. Santo Irineu, 170 / F.: 549-8344

------- dobre aqui -------

ISR 40-2146/83
UP AC CENTRAL
DR/São Paulo

CARTA RESPOSTA
NÃO É NECESSÁRIO SELAR

O selo será pago por

SUMMUS EDITORIAL

05999-999 São Paulo-SP

------- dobre aqui -------

ÁGORA

CADASTRO PARA MALA-DIRETA

Recorte ou reproduza esta ficha de cadastro, envie completamente preenchida por correio ou fax, e receba informações atualizadas sobre nossos livros.

Nome: _____ Empresa: _____
Endereço: ☐ Res. ☐ Coml. _____ Bairro: _____
CEP: _____ - _____ Cidade: _____ Estado: _____ Tel.: (___) _____
Fax: (___) _____ E-mail: _____ Data de nascimento: _____
Profissão: _____ Professor? ☐ Sim ☐ Não Disciplina: _____

1. Você compra livros:
☐ Livrarias ☐ Feiras
☐ Telefone ☐ Correios
☐ Internet ☐ Outros. Especificar: _____

2. Onde você comprou este livro? _____

3. Você busca informações para adquirir livros:
☐ Jornais ☐ Amigos
☐ Revistas ☐ Internet
☐ Professores ☐ Outros. Especificar: _____

4. Áreas de interesse:
☐ Psicologia ☐ Comportamento
☐ Crescimento Interior ☐ Saúde
☐ Astrologia ☐ Vivências, Depoimentos

5. Nestas áreas, alguma sugestão para novos títulos? _____

6. Gostaria de receber o catálogo da editora? ☐ Sim ☐ Não
7. Gostaria de receber o Ágora Notícias? ☐ Sim ☐ Não

Indique um amigo que gostaria de receber a nossa mala-direta

Nome: _____ Empresa: _____
Endereço: ☐ Res. ☐ Coml. _____ Bairro: _____
CEP: _____ - _____ Cidade: _____ Estado: _____ Tel.: (___) _____
Fax: (___) _____ E-mail: _____ Data de nascimento: _____
Profissão: _____ Professor? ☐ Sim ☐ Não Disciplina: _____

Editora Ágora

Rua Itapicuru, 613 Conj. 82 05006-000 São Paulo - SP Brasil Tel (011) 3871 4569 Fax (011) 3872 1691
Internet: http://www.editoraagora.com.br   e-mail: agora@editoraagora.com.br